Danksagung

W0088360

Innerhalb der letzten Jahre hat sich auf dem Gebiet der Ernährungswissenschaften sehr viel getan. Fast täglich erscheinen Studien darüber, welch großen Effekt bestimmte Nahrungsmittel auf unsere Gesundheit haben können, sowohl positiv als auch negativ. Ein besonderer Dank gebührt daher den vielen Patienten*innen und Freunden, die für uns diese Erkenntnisse im Alltag umgesetzt und damit am eigenen Körper erlebt haben. Durch Ihre teils euphorischen Berichte und veränderten Labormessergebnisse wurde das theoretische Wissen mit Leben erfüllt. Dies ist für uns eine tägliche Bestätigung unserer Arbeit und Ansporn, immer am Puls der neuesten wissenschaftlichen Erkenntnisse zu bleiben und es zeigt sich, dass eine gesunde Ernährung eigentlich gar nicht so kompliziert ist, wie man zunächst denken könnte.

Schreiben Sie uns gerne Ihre persönlichen Erfahrungen mit Ihrer Ernährungsumstellung unter dialog@millivital.de. Wir freuen uns sehr auf Ihre Berichte.

5. Auflage 2022
© Christof Plothe und Martin Plothe
ISBN 978-3-00-063029-3
www.millivital.de
dialog@millivital.de

cultures for life

Liebe Leserinnen und

seit einigen Jahren erscheinen vermehrt medizinische Studien zu den positiven Wirkungen natürlicher Lebensmittel in den einschlägigen wissenschaftlichen Portalen wie Pubmed, in denen Mediziner ihre neuesten Ergebnisse veröffentlichen. Demnach helfen gekochte grüne Bananen hervorragend gegen Durchfall, ist Löwenzahn gut für eine gesunde Leber oder puffert Spargel plus Petersilie hervorragend freie Radikale ab. Für nahezu jede Volkskrankheit hat die Natur die passende Antwort. Kein Wunder, dass rund 70 Prozent aller Medikamente auf der erforschten Wirkung von Pflanzen beruhen. Spannend ist vor diesem Hintergrund, dass Pharmakonzerne uns jedoch immer das Gefühl vermitteln, dass nur Medikamente heilen können, nicht aber unsere natürlichen Lebensmittel. Dabei spielt die Ernährung sowohl als Ursache von Krankheiten als auch als heilendes Element eine überragende Bedeutung.

> **„Lass die Nahrung Deine Medizin sein und die Medizin Deine Nahrung!"**
> Hippokrates

Ein Thema, das es neben der Erforschung von einzelnen Lebensmitteln oder der Kombination von Lebensmitteln, der sogenannten Food Synergy, dabei besonders in sich hat, ist die Fermentation unserer Lebensmittel mithilfe von Bakterienkulturen. Spätestens seit dem Bestseller „Darm mit Charme" von Giulia Enders ist einer breiten Öffentlichkeit bewusst, dass unsere Gesundheit maßgeblich von einem gesunden Darm bestimmt wird und dieser wiederum erst richtig funktioniert, wenn er mit einer Vielzahl verschiedener Bakterienkulturen besiedelt ist. Diese guten Bakterien lassen sich gezielt fördern beziehungsweise ansiedeln. Fermentierten Lebensmitteln fällt dabei eine Schlüsselstellung zu. Wie keine andere Methode sorgt sie für eine massive Vermehrung der für uns so wichtigen Bakterien und schafft im wahrsten Sinne des Wortes lebendige Nahrung. Was aus ernährungsphysiologischer Sicht dahinter steckt und was fermentierte Lebensmittel sonst noch so an tollen Eigenschaften mitbringen, soll dieses Buch vermitteln.

Ich, Christof Plothe, beschäftige mich seit über 20 Jahren im Praxisalltag mit Ernährung und den mit einer Umstellung der Ernährung verbundenen Effekten. Ich bin immer wieder aufs Neue fasziniert, wie viele spannende Studien hierzu bereits existieren und nahezu täglich neue erscheinen. Wie stark und

Liebe Leser,

positiv eine Fermentierung unsere Nahrung verändert, hat jedoch auch mich überrascht. Selbst für Menschen mit Stoffwechselerkrankungen wie Diabetes, Darmproblemen, einer Glutenunverträglichkcit, Herzkreislaufproblemen oder neurologischen Erkrankungen ergeben sich hierdurch komplett neue Möglichkeiten. Diese Liste ließe sich nahezu endlos fortsetzen. Das medizinische und ernährungswissenschaftliche Wissen hierüber füllt inzwischen ganze Regale, hat jedoch aufgrund der Tatsache, dass diese Studien nahezu fast immer in Englisch und dazu in einem Fachchinesisch publiziert werden, noch nicht den Weg in die breite Öffentlichkeit geschafft. Außerdem gibt es für Zwiebeln und Brokkoli keine Lobby, die sich für die Verbreitung ihrer gesundheitsfördernden Faktoren einsetzen würde.

Da meine Stärke eher in der ständigen Recherche neuer Fachstudien und Publikationen rund um das Thema „Heilen mit einer passenden Ernährung nach neuesten Erkenntnissen der Wissenschaft" liegt und weniger im Schreiben von Büchern, freue ich mich umso mehr, dass mein Cousin Martin Plothe, der seit vielen Jahren im Marketing und in der Öffentlichkeitsarbeit tätig ist, sich dazu bereit erklärt hat, dieses Buch mitzuschreiben und in eine verständliche Form zu bringen. Wir wünschen Ihnen zusammen viele neue Einblicke in die faszinierende Welt der Fermentation und ein tieferes Verständnis, warum sich die eigene Herstellung von fermentierten Lebensmitteln so sehr lohnt.

Wenn Sie Kinder haben, starten Sie früh damit, sie mit einer gesunden, vollwertigen Ernährung vertraut zu machen. Ernährung ist eine Gewohnheitsfrage. Wenn Ihre Kinder bereits im Mutterleib und jungen Jahren eine gesunde Ernährung kennenlernen, wird sie schnell für sie zu einer Selbstverständlichkeit werden.

Herzlichst,
Ihr Christof Plothe und Martin Plothe

Grundlagen der Fermentation

Gesundheitliche Vorteile

Moderne Micro-Fermentation

Rezepte Micro-Fermentation

Micro-fermentierte Salate 157

Micro-fermentiertes Gemüse 169

Einführung in die Fermentation

Als Einstieg in das spannende Gebiet der Fermentation möchte ich Ihnen von einer persönlichen Erfahrung in meinem unmittelbaren Umfeld berichten. Seit einigen Jahren wohne ich mit meiner Familie in einer ehemaligen Mühle, zusammen mit Hunden, Ziegen, Eseln, Hühnern und auch Schafen. Wir versuchen uns als Familie seit Jahren möglichst von biologischen Lebensmitteln zu ernähren, da es die einfachste Art ist, einerseits die Natur für die nächsten Generationen zu bewahren und andererseits auch uns selbst vor einer Vielzahl gesundheitsgefährdender Chemikalien, die in der konventionellen Landwirtschaft eingesetzt werden, zu schützen. Da die Vorteile von biologischen Nahrungsmitteln auch für Tiere gelten, fütterten wir schon früh auch unsere Schafe mit Bio-Heu und etwas Bio-Getreide. Am Anfang zeigte das Zufüttern von Getreide jedoch mehr negative als positive Begleiterscheinungen. So war es sehr verblüffend zu sehen, dass unsere eigentlich sehr schlanken Kamerun Schafe auf einmal immer mehr wie pummelige Schafe aussahen, die wir uns während des Einschlafens beim Zählen vorstellen. Sie wurden auch träger und wir machten uns langsam Sorgen um sie. Wir stellten die Zufütterung von Getreide daher sehr rasch wieder ein. Recht schnell kamen die Schafe wieder auf ihr Idealgewicht und sprangen wieder lebensfroh auf der Weide herum. Doch wie konnte das bei einem eigentlich so hochwertigen Futter sein?

Im Laufe der Nachforschungen über die potentielle Ursache dieser Veränderung, stieß ich auf dutzende von Studien über die negativen Effekte einer Getreidefütterung auf die Darmbesiedelung, die Entstehung von Entzündungen im Darm und Schleimhautveränderungen. Ich fand jedoch noch mehr

Studien über die vielfältigen Vorteile von gesprosstem und fermentiertem Getreide. Manche bezogen sich sogar explizit auf Tierfutter. Heute wissen wir, wie wichtig die Fermentierung von Getreide ist, um seine negativen Eigenschaften weitestgehend zu beseitigen und die enthaltenen Nährstoffe für uns zugänglich zu machen. Unsere Schafe bekommen inzwischen wieder Getreide zugefüttert. Allerdings nur noch in gesprosster oder fermentierter Form. Komisch, dass sich viele Menschen ebenfalls häufig träge fühlen, aus unerklärlichen Gründen zunehmen oder unter Entzündungen leiden, Getreide als Ursache hierfür aber kaum in Betracht gezogen wird.

Fermentierte Lebensmittel haben weltweit eine sehr lange Tradition und finden sich in nahezu jedem Kulturkreis wieder. In Deutschland kennen wir sie von Lebensmitteln wie Sauerkraut, Joghurt, sauer eingelegtem Gemüse oder Sauerteigbrot. Wie die Fermentation funktioniert und welche handfesten Vorteile sie mit sich bringt, ist jedoch größtenteils in Vergessenheit geraten. Unser Buch soll dieses Wissen wieder einem breiten Publikum zugänglich machen und einen Leitfaden bereitstellen, wie sich fermentierte Lebensmittel einfach selbst herstellen lassen. Darüber hinaus verstehen wir erst seit wenigen Jahren, wie eine Fermentation unsere Lebensmittel verwandelt und aufwertet. Dieser ernährungsphysiologische Aspekt ist von immenser Bedeutung und soll hier ebenfalls erörtert werden.

Das Prinzip der Fermentation existiert bereits seit mehreren tausend Jahren. Erste Belege für fermentierte Nahrung in Europa finden sich bereits 7.000 vor Christus in Form von fermentiertem Fisch in Schweden. Und auch schon in der Bibel wird von saurem Brot gesprochen. Das Wort „Fermentation" stammt aus dem lateinischen „fermentum" und bedeutet Gärung. Man vermutet, dass die Entdeckung der Fermentation eher Zufall war. Ihre Anwendung hatte zunächst einfache praktische Gründe. Schließlich gab es früher weder die Möglichkeiten der Nutzung eines Kühlschranks, noch von Einmachgläsern oder einer Gefriertruhe. Sie diente daher vor allem der Haltbarkeitsmachung von Lebensmitteln für die Wintermonate, in denen nichts en schon wussten

geerntet werden konnte. Fermentierte Lebensmittel waren zudem gesundheitlich sicherer. So überrascht es nicht, dass im Mittelalter auf Burgen primär Bier und Wein getrunken wurde. Denn sie waren aufgrund der alkoholischen Gärung, was nichts anderes als eine Fermentation ist, frei von schädlichen Bakterien. Wasser war im Vergleich hierzu viel unsicherer was bakterielle Verunreinigungen anging.

Schon bald nach der Entdeckung der nützlichen Konservierungseigenschaften entdeckten die Menschen auch die berauschenden Eigenschaften von manchen fermentierten Getränken, namentlich Wein und Bier. Diese wären ohne die Fermentierung bzw. Vergärung von Zucker zu Alkohol mit speziellen Hefekulturen nicht möglich. Da man in der Frühzeit weder Bakterien kannte, noch die im verborgenen ablaufenden Prozesse verstand, wurde die Fermentation in alten Kulturen häufig als Wunder bezeichnet und den Göttern zugeschrieben. So war das Bier bei den Ägyptern dem Gott Osiris zu verdanken und der Wein bei den Römern dem Gott Baccus. Viele weitere Genussmittel wie Käse, Tee und auch der Kaffee folgten. Von den Chinesen ist bekannt, dass sie die ersten waren, die Lebensmittel absichtlich mit Pilzen bestückten, die wiederum Enzyme bildeten. An den Herstellungsmethoden hat sich seit damals im Wesentlichen nicht viel geändert.

> Das Prinzip der Fermentation existiert bereits seit mehreren tausend Jahren.

Neben der Konservierung und Alkoholproduktion bietet die Fermentation noch viele weitere Vorteile für unseren Körper. Diese wurden erst mithilfe moderner Analyse- und Untersuchungsmethoden in den letzten Jahren genauer verstanden. Mikroorganismen, also Kleinstlebewesen wie beispielsweise Bakterien oder Pilze, bilden die Grundlage des

Lebens. Sie übernehmen elementar wichtige Funktionen in unserem Körper und spielen bei der Fermentation von Lebensmitteln eine Schlüsselrolle. Hiervon existieren hunderte verschiedener Arten. Was jedoch Mikroorganismen sind und welche Prozesse genau während einer Fermentation ablaufen, wissen wir erst seit verhältnismäßig kurzer Zeit. Betrachten wir das Beispiel der Hefe. Zunächst war Forschern unklar, ob es sich beim Prozess der Fermentation mithilfe von Hefe um einen lebendigen oder einen rein biochemischen Prozess handelte. Erst 1837 bewiesen C. Cagnigard de la tour, T. Swann, F. Kuetzing, dass Hefe lebendig ist. 1857 zeigte Pasteur erstmals, dass die Fermentation mithilfe von Milchsäure durch lebendige Mikroorganismen ausgelöst wird und nicht nur eine rein chemische Reaktion ist.

Mikroorganismen übernehmen elementar wichtige Funktionen in unserem Körper

Mikroorganismen,
also Kleinstlebewesen
wie Bakterien oder Pilze,
bilden die Grundlage
des Lebens.

Kurze Zeit später wurden um 1870 dann die ersten Bakterien entdeckt und mit ihnen die Erkenntnis, dass viele Krankheiten durch sie verursacht werden. Seitdem wird zwischen den für uns positiven und krankmachenden Bakterien in der Öffentlichkeit kaum mehr ein Unterschied gemacht, was sehr bedauerlich ist, da die überwiegende Zahl von ihnen für unseren Körper sehr positiv ist. ●

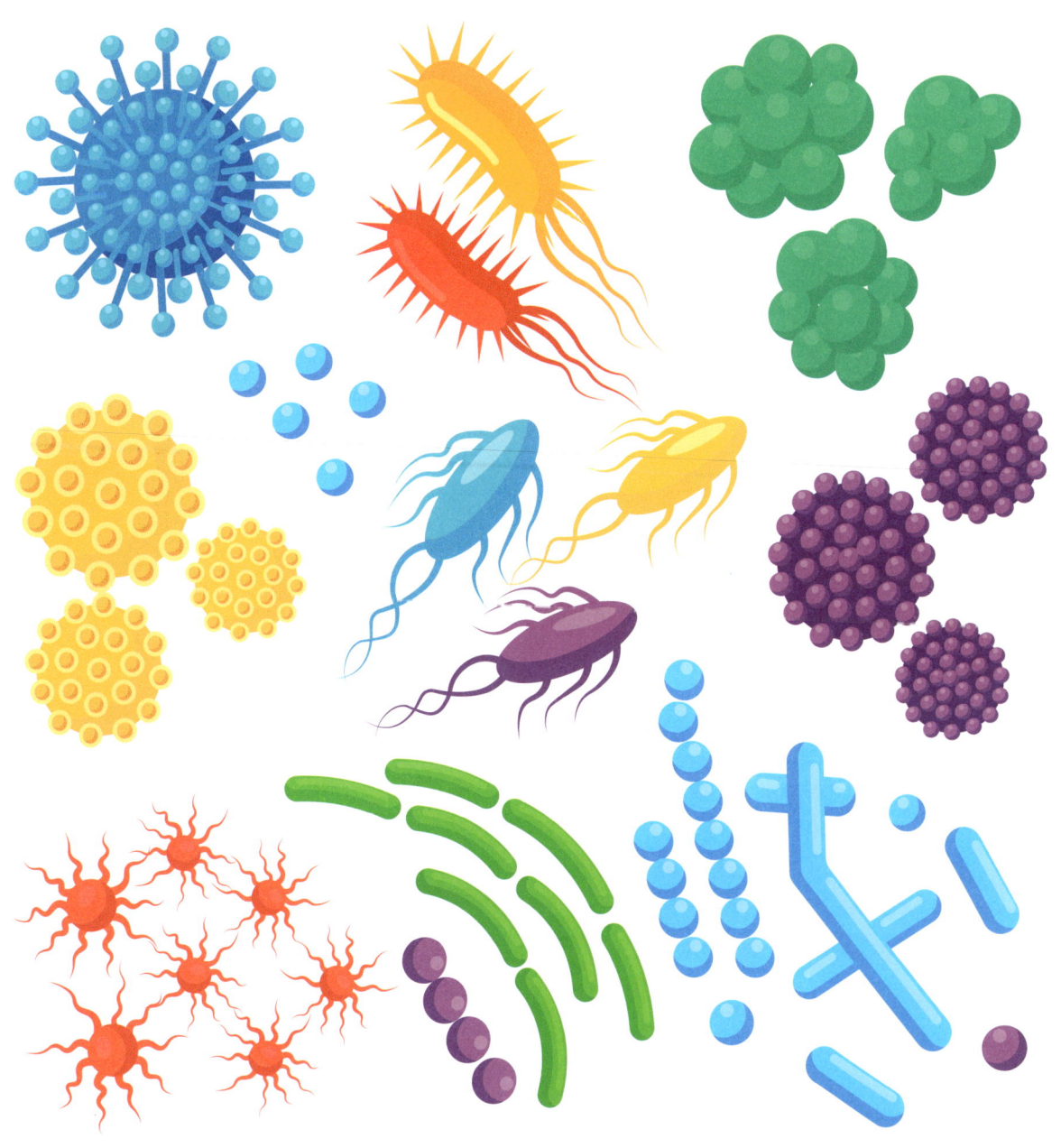

Fermentation produziert lebendige Nahrung

Auch wenn im Alltag in der Regel kein Unterschied zwischen Nahrungsmitteln und Lebensmitteln gemacht wird, so besteht zwischen ihnen eigentlich doch ein grundsätzlicher Unterschied. Im engeren Sinne handelt es sich bei Lebensmitteln um lebendige Nahrungsmittel. Hierzu zählen beispielsweise Joghurt, Bier oder Sauerkraut, sofern sie nicht pasteurisiert, also erhitzt wurden. Sie enthalten alle lebendige Mikroorganismen. Nahrungsmittel hingegen liefern keine lebendigen Bestandteile, wie beispielsweise Brot oder gekochtes Gemüse. Dies ist ein noch oft unterschätztes Kriterium bei der Beurteilung unserer Nahrung.

Eine Messmethode um die Vitalität eines Lebensmittels zu messen ist, seine Biophotonenabstrahlung zu erfassen. Dabei werden feinste Lichtabstrahlungen von lebendigen Zellen in einem aufwendigen Verfahren gemessen. Die Licht- beziehungsweise Biophotonenabstrahlung von Mikroorganismen ist dabei bis zu 200 mal stärker als die von menschlichen Körperzellen. Daher wird inzwischen davon ausgegangen, dass Lebensmittel für uns umso ernährungsphysiologisch wertvoller sind, je stärker ihre Biophotonenabstrahlung ist. Inzwischen wird diese Messmethode in den Niederlanden von manchen Unternehmen verwendet, um die Qualität von Obst und Gemüse festzustellen.

> Die Biophotonenabstrahlung von Mikroorganismen ist bis zu 200 mal stärker als die von menschlichen Körperzellen.

Fermentierte Lebensmittel enthalten aufgrund des Herstellungsprozesses eine Fülle an lebendigen Mikroorganismen. Dies können Pilze oder Bakterien sein, die in unserem Körper, insbesondere dem Verdauungstrakt, vielfältige Funktionen erfüllen. Sie produzieren beispielsweise Enzyme oder senden Botenstoffe in den Rest des Körpers aus. Die Qualität beziehungsweise Lebendigkeit von fermentierten Lebensmitteln hängt jedoch sehr stark davon ab, ob sie pasteurisiert wurden oder nicht. Bei der Pasteurisierung werden Lebensmittel in der Regel für 15 Sekunden bis wenige Minuten auf 60 bis 100 Grad Celsius erhitzt. Hierdurch wird bei Bier eine Weitergärung verhindert und auch Hefe-Bakterien in beispielsweise Säften abgetötet, die ihn schon nach wenigen Tagen kippen lassen würden. Die Pasteurisierung macht aus Sicht der Haltbarkeit also viel Sinn. In Bezug auf die Lebendigkeit der Nahrung jedoch nicht. Denn durch die Erhitzung sterben nahezu alle für uns so guten und wichtigen Mikroorganismen ab, die sich während der Fermentation gebildet haben, wodurch auch die vielfältigen positiven Effekte für unseren Körper verloren gehen. Sauerkraut, milchsauer vergorene Säfte, Kefir etc. sind erst unerhitzt richtig wertvoll für uns.

> Sauerkraut, milchsauer vergorene Säfte, Kefir etc. sind erst unerhitzt richtig wertvoll für uns.

Fermentierte Lebensmittel, die nicht erhitzt wurden, sind jedoch inzwischen leider sehr rar geworden. Unpasteurisierte fermentierte Lebensmittel findet man am ehesten noch auf Wochenmärkten. Hier gibt es noch frisches, traditionell hergestelltes Sauerkraut, Federweißer, der noch gärt oder sauer eingelegtes Gemüse, das nicht erhitzt wurde. Nahezu alle fermentierten Produkte, die man in einem Geschäft kaufen kann, sind dagegen für eine lange Haltbarkeit pasteurisiert.

gesunde Lebensmittel selbst herstellen

Zum Glück lassen sich jedoch viele Lebensmittel einfach zu Hause selbst herstellen, insbesondere mithilfe der neuen Methode der Millivital Micro-Fermentation. Sie nutzt eine Mischung verschiedener Reinzucht-Zellkulturen. Hierdurch wird die Fermentation drastisch beschleunigt, besser kontrollierbar und unerwünschte Nebenprodukte ausgeschlossen. So gewinnen Sie nebenbei auch wieder mehr Kontrolle über die Qualität und Herkunft Ihrer Lebensmittel zurück und Sie werden den Unterschied auch schmecken. Der etwas höhere Aufwand durch die eigene Herstellung wird am Ende also vielfach entschädigt. Da sehr viele Mahlzeiten in unserem Alltag aus erhitzten Lebensmitteln oder gekochten Nahrungsmitteln bestehen, ist eine Ergänzung mit lebendigen fermentierten Lebensmitteln wichtiger denn je. Aus unserer Sicht sogar noch wichtiger, als ein hoher Rohkostanteil alleine. ●

Beispiele fermentierter Lebensmittel

Sojasauce

Die Basis von Sojasaucen bilden fermentierte Sojabohnen. Die Fermentation der Sojabohnen wird durch Mischungen verschiedener Mikroorganismen ausgelöst. Dazu zählen Pilze wie Aspergillus, Rhizopus, Mucor, Actinomucor und Neurospora Spezies. Des weiteren Hefen wie Saccharomyces und Bakterien wie Bacillus und Pediococcus Spezies. Die Fermentation dauert meist zwischen zwei Monaten und einem Jahr. Bei guten Sojasaucen, beispielsweise Varianten der Shoyu-Sojasauce, kann diese Zeit sogar bis zu drei Jahre betragen. Mittlerweile sind auch glutenfreie oder salzarme Varianten in den Regalen der Supermärkte zu finden.

Bier

Hierbei wird Getreide wie Gerste oder Weizen zu Malz verarbeitet, Hopfen hinzugegeben und alles zusammen mithilfe von Hefen und Bakterien fermentiert. Durch die einsetzende Gärung entsteht Alkohol und durch die verwendeten Hefen, der jedem Bier eigentümliche Biergeschmack. Klassischerweise unterscheidet man in untergärige oder obergärige Varianten. Bei den untergärigen Bieren setzt sich bei Temperaturen von 7 °C bis 10 °C die Hefe nach unten ab, während sie dies bei den obergärigen bei Temperaturen von 18 °C bis 20 °C nach oben tut. Sie unterscheiden sich auch in ihrer Fermentationsdauer, wobei die Untergärigen um einiges länger brauchen. In kleinen Lokalbrauereien erhält man manchmal noch naturtrübes, ungefiltertes und unerhitztes Bier. Nicht nur für jeden Bierliebhaber ein Genuss in jeder Hinsicht.

Käse

Käse ist wohl eines der bekanntesten fermentierten Lebensmittel überhaupt. Milch oder Sahne sowie Bakterien oder Schimmelpilze bilden die Basis jeder Käseherstellung. Die beiden letzteren dienen auch der Einordnung der Käsesorten. Zu welchem Käse passt wohl der penicillium camemberti oder der penicillium roqueforti Pilz? Das Verfahren der Käseherstellung umfasst die Schritte der Vorreifung der Milch, der Labzugabe, der Dicklegung, des Entmolkens, des Formens, des Pressens, des Salzens, des Trocknens, der Affinage oder Reifung und der Lagerung. Das dabei verwendete Gerinnungsmittel, das sogenannte Lab, ein Gemisch aus den Enzymen Chymosin und Pepsin, wird meist aus den Mägen von Kälbern, Zicklein oder Lämmern gewonnen. Ein Labaustauschstoff auf der Basis von mikrobiellen Enzymen ist heutzutage jedoch weit verbreitet. Oft werden je nach Land dafür inzwischen auch gentechnisch gewonnene Kulturen verwendet.

Fermentation schützt vor krankmachenden Keimen und macht das Lebensmittel lange haltbar.

Kefir

Kefir ist ein bemerkenswertes Getränk, welches traditionell aus Kuh- oder Ziegenmilch hergestellt wird, inzwischen aber auch aus pflanzlichen Milchsorten auf Basis von Kokos, Soja, Getreide oder Nüssen hergestellt wird. Bakterien wie Streptococcus, Lactobacillus und Leuconostoc sowie Hefepilze wie Candida Kefir und Kluyveromyces fragilis bilden dabei die Basis der Herstellung. Neu auf dem Markt ist auch der sogenannte Wasserkefir, der aus festen Kefirknollen gemacht wird.

Salami

Die Grundlage für Salami bilden meist Schweine- oder Rindfleisch sowie verschiedene Bakterienkulturen. Da bei der industriellen Wurstherstellung in der Wurstmasse nicht ausreichend Reifungsbakterien enthalten sind, werden bei ihr Starterkulturen aus verschiedenen Bakterienstämmen hinzugefügt. Diese enthalten neben Milchsäurebakterien und Laktobazillen auch oft unbedenkliche Arten von Staphylokokken oder Mikrokokken. Luftgetrocknete Salami enthält daher noch viele dieser verschiedenen Bakterienkulturen.

Wein

Wein ist eines der ältesten fermentierten Lebensmittel überhaupt. Die Fermentation ist, ähnlich wie beim Bier, für die Umwandlung von Kohlenhydraten in Alkohol und auch den Geschmack verantwortlich. Hierfür stehen eine ganze Reihe verschiedener Hefen zur Auswahl, die man für die Fermentation nutzen kann.

Studien zeigen, dass durch die Fermentation mithilfe von Mikroorganismen Vitamine wie B1, B2, B3, B5, B6, B12, D2, K2, Folsäure und Biotin entstehen.

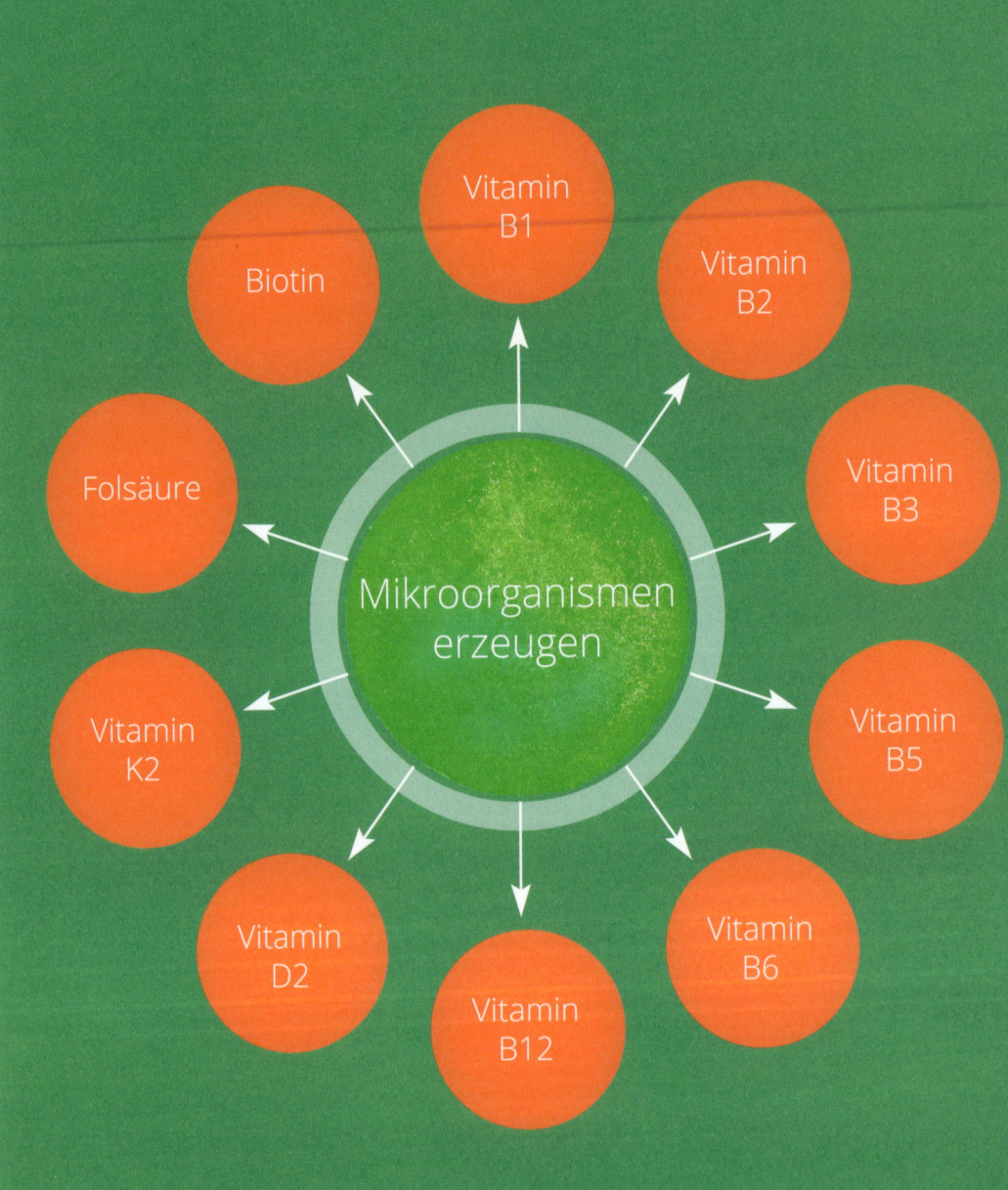

Wie eine Fermentation Lebensmittel verändert

Die biochemische Definition der Fermentation ist etwas knorrig. Sie besagt, dass es sich dabei um einen Prozess der Energiegewinnung durch Oxidation eines organischen Substrates wie Glukose handelt, wo auch der aufnehmende Reaktionspartner eine organische Materie ist. Einfacher ausgedrückt, handelt es sich bei einer Fermentation um die Umwandlung eines rohen Lebensmittels in ein fermentiertes Lebensmittel. Die Fermentation findet dabei mithilfe von Mikroorganismen wie Bakterien- und Pilzkulturen oder durch den Zusatz von Enzymen statt.

Frisch fermentiertes Sauerkraut enthält deutlich mehr Vitamin C als unfermentierter Kohl.

Bei der mikrobiellen Fermentation, also der Fermentation mithilfe von Mikroorganismen, wandeln bakterielle Enzyme unsere Nahrung wie beispielsweise Getreide, Gemüse und Obst um und setzen dabei Zellbestandteile frei, die wiederum bakteriell verdaut werden können. Hierdurch entstehen Mikronährstoffe wie beispielsweise Vitamin D2, Vitamin B2, Vitamin B12 und auch Vitamin C. Ein frisch fermentiertes Sauerkraut enthält daher beispielsweise deutlich mehr Vitamin C als ein unfermentierter Kohl und wurde daher schon früh von Seeleuten als Vorbeugung vor der Vitamin-C-Mangelerkrankung Skorbut mit an Bord genommen. Vitamine und Mikronährstoffe sind für die Darmgesundheit und damit für die Gesundheit des gesamten Körpers von elementarer Bedeutung. Diese Art der Fermentation bildet die Basis der neuen Micro-Fermentation.

Im Laufe einer Fermentation werden immer Kohlenhydrate umgewandelt. Im Falle einer Fermentation mit Bakterien werden sie zu organischen Säuren wie Milch- oder Essigsäure. Im Falle einer Fermentation mit Hefepilzen werden sie zu Alkohol und Kohlendioxid. Das wohl bekannteste Beispiel hierfür ist der Champagner, bei dem der gesamte Gärungsprozess in der Flasche selbst erfolgt, inklusive der Bildung der Kohlensäure.

Die Prozesse geschehen bei Lebensmitteln immer unter Luftabschluss. Käme Sauerstoff während des Prozesses hinzu, würde das Lebensmittel verderben noch ehe es fertig fermentiert ist. Wichtig ist auch eine nicht zu kalte Umgebungstemperatur, da der Umwandlungsprozess nur dann gut funktioniert, wenn sich die Kulturen wohlfühlen und ihre Arbeit verrichten können. Ist es zu kalt, kommt der Prozess zum Stillstand. Das Optimum für einen guten Sauerteig liegt beispielsweise um die 27 °C, für Tempeh rund 30 °C und für einen guten Joghurt knapp 40 °C.

Die meisten Lebensmittel lassen sich sehr gut mithilfe einer Milchsäuregärung umwandeln. Dabei wandeln die Milchsäurebakterien die Zuckermoleküle in der Nahrung in Milchsäure um und vermehren sich schlagartig. Die Milchsäure schützt das Lebensmittel vor dem Eindringen von Krankheitskeimen, denn diese brauchen im Allgemeinen einen höheren pH-Wert um zu überleben. Ab einer Konzentration von einem Prozent Laktobazillen sind fast alle pathogenen, also unerwünschte, potentiell krankmachende Mikroorganismen zerstört. Fermentierte Lebensmittel wie das berühmte Sauerkraut der Oma, sind nach abgeschlossener Fermentation, kühl gelagert, hierdurch viele Monate lang haltbar. Außerdem verleiht die Milchsäure dem Gemüse den pikant sauren Geschmack. ●

Eine gute Fermentation benötigt Luftabschluss und eine warme Umgebungstemperatur.

Die Bedeutung der Milchsäurebakterien in der Fermentation

Milchsäurebakterien sind seit etwa 7.000 Jahren Teil unserer Kulturgeschichte, als Menschen in Nordeuropa als Viehzüchter sesshaft wurden und dadurch Milch und Milchprodukte vermehrt auf dem Speiseplan standen. Sie sind nicht nur in allen Milchprodukten enthalten, sondern besiedeln ebenso jedes natürliche Lebensmittel im Garten. Während vor der Ernte der Anteil der Milchsäurebakterien auf Gemüse, Obst und Kräutern nur rund ein Prozent beträgt, so steigt er nach dem Abschneiden oder Pflücken der Pflanzen drastisch an. Dies kommt durch das vermehrte Nahrungsangebot an den Schnittstellen zustande. Milchsäurebakterien und auch Hefepilze bilden die Basis der Fermentation.

Milchsäurebakterien begleiten fast jeden von uns schon von Geburt an, denn bei der Passage durch den mütterlichen Geburtskanal werden die dort lebenden Bakterienkulturen auf das Baby übertragen. Der positive Nebeneffekt des Kontakts mit den Milchsäurebakterien ist, dass sie das Neugeborene vor Krankheitserregern schützen. Denn die meisten Krankheitserreger können sich im sauren Milieu der Milchsäurebakterien nicht halten. Wird das Baby per Kaiserschnitt entbunden, fehlt dieser natürliche Schutz leider. Die Folge kann sein, dass sich schädliche Bakterien leichter im Säuglingsdarm ansiedeln. Einige Studien geben Hinweise darauf, dass der Kontakt mit Milchsäurebakterien unmittelbar nach der Geburt die Wahrscheinlichkeit von Allergien und Autoimmunkrankheiten wie Diabetes und Morbus Crohn verringern und in der Therapie von Allergien und Infekten der Blase, Niere und des Verdauungstraktes helfen können. In den USA und in Kanada ist es deshalb Praxis, dass Kaiserschnitt-Babys direkt nach der Geburt mit Bakterien der Mutter eingerieben werden. Aussagekräftige Studien zum sogenannten „Vaginal Seeding" fehlen jedoch noch.

Wahrscheinlich per Zufall entdeckten die Menschen, dass sauer gewordene Milch in Form von Joghurt, Kefir oder Käse sehr lecker sein kann. Hierfür sind vor allem Milchsäurebakterien verantwortlich, ebenso wie für Säuerungsvorgänge zur Herstellung von Sauerteigbrot, Sauerkraut oder anderen eingelegten Gemüsesorten. Milchsäurebakterien bauen die in den Lebensmitteln enthaltenen Kohlenhydrate zu Milchsäure ab. Dies sieht man sehr gut am Beispiel der Milch. Während Kuhmilch noch recht süß schmeckt, ist Joghurt säuerlich und deutlich weniger süß.

Milchsäure-bakterien und auch Hefepilze bilden die Basis der Fermentation.

Dank bestimmter Enzyme in den Bakterien machen sie für den Menschen auch unverdauliche Kohlenhydrate verfügbar.

Dazu zählen vor allem Ballaststoffe aus Vollkorn und Gemüse, die im Dünndarm wichtige Darmbakterien stimulieren. Unter der Bezeichnung „Präbiotika" werden solche Ballaststoffe heute manchen Lebensmitteln zugesetzt, beispielsweise in Form der langkettigen Zucker Inulin oder Oligofruktose. Als „Probiotika" werden hingegen Nahrungs- oder Heilmittel bezeichnet, die gezielt bestimmte Bakterienstämme, darunter meist viele Milchsäurebakterien, enthalten und immer mehr in der Medizin für die Verbesserung des Darmes und auch des Immunsystems gegeben werden.

Milchsäurebakterien sind außerdem wichtig für die Funktion der Darmschleimhaut, die Nährstoffe vom Darm ins Blut transportiert und auch unser

Helfer für Leib und Seele

Immunsystem unterstützt. Ist sie gestört, werden Infekte und Autoimmunkrankheiten wahrscheinlicher. Studien legen nahe, dass Milchsäurebakterien sogar unser Wohlbefinden beeinflussen. Bestimmte Milchsäure-Bakterienstämme verringern in Mäusen ängstliches und depressives Verhalten. Möglicherweise weil sie Botenstoffe produzieren, die bei der Nervenübertragung im Gehirn eine Rolle spielen. Milchsäurebakterien sind also Helfer für Leib und Seele. Die sogenannte Mikrobiomforschung publiziert fast täglich neue Studien über bisher unbekannte Zusammenhänge der Bakterien mit unseren körpereigenen Zellen im Darm, dem Gehirn und vielen weiteren Organen. ●

Milchsäurebakterien bauen die in den Lebensmitteln enthaltenen Kohlenhydrate zu Milchsäure ab.

fermentierte Leben

Welche Nahrungsmittel sich fermentieren lassen

Grundsätzlich lassen sich alle rohen Lebensmittel fermentieren.
Nachfolgend einige Beispiele:

Gemüse
Sauerkraut, Kimchi, Gewürzgurken, etc.

Obst
Fermentierte Säfte und Smoothies, Wein, etc.

Milchprodukte
Käse, Joghurt, Kefir, etc.

Fleisch
Salami, Dry aged Steaks, etc.

Hopfen und Malz
Bier, etc.

Getreide
Sauerteigbrot, fermentierte Pasta, roter Reis, etc.

Soja
Sojasauce, Tempeh, Nattoo, etc.

nittel im Alltag

Klassische Wege, um eine Fermentation zu starten

Mikroorganismen sind grundsätzlich überall in unserer Umgebung vorhanden. Sie sind auf Lebensmitteln ebenso zu finden wie in unserer Umgebungsluft. Eine Fermentation kann schon mit diesen wenigen Mikroorganismen in Gang kommen. Dies nennt man Spontangärung. Allerdings kann es dann einige Zeit dauern, bis die Fermentation richtig in Gang kommt. Zuverlässiger und wesentlich schneller geschieht dies, wenn man gezielt die richtigen Mikroorganismen für den Anschub der Fermentation hinzugibt. Hierfür gibt es zwei bewährte Wege.

1. „Backslopping"

Ein kleiner Teil der Mikroorganismen wird von der vorherigen Fermentation übernommen und dient als Startzünder für die neue Fermentation. So handhaben es traditionelle Bäcker noch heute bei Sauerteig. Auch bei Joghurt und Kefir funktioniert das sehr gut.

2. Starterkulturen

Eine sehr zuverlässige und einfache Art ist die Verwendung von Starterkulturen. Diese enthalten einzelne Bakterienarten oder Mischungen, je nachdem was man damit machen möchte.

cultures for life

Diese sind jedoch nicht immer ganz einfach zu handhaben. Wir haben daher einen neuartigen Micro-Fermentations-Beschleuniger entwickelt, der einfach zu handhaben sind.

Doch zunächst zurück zu den herkömmlichen Starterkulturen. Nachfolgend haben wir ein paar der beliebtesten Starterkulturen etwas näher beschrieben.

3. Pilze

Pilze werden traditionell vor allem im asiatischen Bereich zur Fermentation genutzt. Uns stehen hierzulande die Möglichkeiten der Nutzung von Kombucha und Aspergillus oryzae zur Verfügung.

Kombucha:
In Asien und Europa wird Kombucha traditionell als natürliches Lebensmittel verwendet, das unseren Körper und Stoffwechsel harmonisiert. Im fertigen Kombuchagetränk sind von Natur aus zahlreiche biologisch aktive Inhaltsstoffe wie beispielsweise Vitamine, Mineralstoffe, Enzyme, organische Säuren und Spurenelemente enthalten. Als Basis dienen Säfte und Wasser. Auch hier gilt, Kombucha aus dem Supermarkt ist immer erhitzt und damit nicht ansatzweise so wertvoll wie unerhitzter.

Aspergillus oryzae:
Er ist eine traditionelle Fermentationsbasis aus Asien und wird beispielsweise dazu

genutzt, Sojabohnen zu fermentieren um daraus Miso- oder Sojasauce herzustellen. Eine andere Verwendung ist die Fermentation von Reis, um ihn in Alkohol umzuwandeln. Bekannt sind Ihnen vielleicht der Reiswein wie Sake oder auch Amazake, ein süßes japanisches Getränk. Auch das Gewürz Mirin wird hiermit hergestellt. Aspergillus oryzae steht uns in Form von Fertigsaucen wie Genmai Su in den Asiaabteilungen gut sortierter Lebensmittelgeschäfte zur Verfügung.

4. Effektive Mikroorganismen

Diese Mischung geht auf den Japaner Prof. Dr. Teruo Higa zurück. Verschiedene Bakterien wie Laktobazillen, Bifidobazillen oder Photosynthesebakterien werden hier mit Pilzen wie Aspergillus Oryzae, Mucor hiemalis und anderen kombiniert.

5. Bakterien

Bakterien werden seit jeher für die Fermentation von Lebensmitteln verwendet. Die wohl bedeutendste Bakteriengruppe ist die der Laktobazillen, die wir bereits näher erläutert haben. Ohne sie hätten wir weder Joghurt, Kefir oder Käse, noch so leckere Speisen wie saure Gurken, Sauerkraut oder Sauerteigbrot. Hierfür ist vor allem der Laktobazillus verantwortlich. Häufig kommt auch eine Mischung verschiedener Bakterien zum Einsatz.

6. Unerhitzte Molke

Molke ist eine wässrige, grünlich-gelbe Flüssigkeit, die bei der Käseherstellung als Nebenprodukt entsteht. Sie ist der flüssige Teil, der nach der Gerinnung der Milch zu Käse oder Quark abgesondert wird. Es gibt zwei Sorten von Molke. Süßmolke, auch Labmolke genannt, entsteht, wenn Milch mithilfe von Lab zum Stocken gebracht wird. Und Sauermolke entsteht, wenn

Mit den richtigen Mikroorganismen kann eine Fermentation wesentlich beschleunigt werden.

Milch durch Hinzugabe von Milchsäurebakterien zersetzt wird. Beide Arten der Molke kann man gut als Starter einsetzen, jedoch nur, solange sie nicht pasteurisiert wurde.

7. Hefen

Bis in die zweite Hälfte des 19. Jahrhunderts wusste man nicht, dass Hefen für die Umwandlung von Zucker in Alkohol während der Gärung bestimmter Getränke verantwortlich sind. Hefen, auch gelegentlich als Hefepilze bezeichnet, sind hoch organisierte Mikroorganismen, die sich in ihren spezifischen Eigenschaften unterscheiden. Man spricht deshalb auch von unterschiedlichen Hefestämmen. An der Fermentation von Bieren können beispielsweise ober- oder untergärige Hefesorten beteiligt sein. Bei der Herstellung von Wein sind dies Rotwein- oder Weißweinhefen, meist mit einer Alkoholtoleranz von ca. 16 bis 18 Prozent Vol., auch wenn es Hefesorten für einen niedrigeren Alkoholanteil gibt.

8. Kefir

Milchkefir, ursprünglich ein Pilz aus Tibet, ist eine Lebensgemeinschaft, eine sogenannte Symbiose. Verschiedene Organismen leben hier zusammen und liefern sich gegenseitig die richtigen Lebensbedingungen und Nährstoffe. Wertvolle Milchsäurebakterien benötigen für ihr Überleben und ihre Vermehrung verschiedene Stoffe und Vitamine, die sie von den Hefen geliefert bekommen. Im Gegenzug produzieren die Bakterien Milchsäure, die wiederum von den Hefen als Nahrung genutzt wird. Kefir enthält also vorteilhafte Hefen und nützliche Bakterien, die sich harmonisch zusammenfügen. Die positive Wirkung des Kefirs beruht genau auf diesem Zusammenspiel. Typische Bakterienstämme in Kefir sind Bakterien wie Lactobazillus kefir, Lactobazillus acidophilus, Lactobazillus bulgaricus, Lactobazillus kaukasus, Streptococcus lactis und Hefepilze wie Saccharomyces kefi, Saccharomyces cerevisiae, Saccharomyces unisporus, Kluyveromyces marxianus und Candida kefir.

hmecker interessant

9. Joghurt

Ursprünglich entstand Joghurt aus der zufälligen Säuerung und Dicklegung von Milch. Doch schnell entdeckte man, wie er mithilfe von Milchsäurebakterien gezielt aus Milch herzustellen ist. Traditionell wird Joghurt mit Lactobazillus bulgaricus hergestellt. Weitere Bakterienstämme, die bei der Herstellung von Joghurt zum Einsatz kommen, sind Streptococcus thermophilus, Lactobazillus acidophilus, Lactobazillus casei oder Bifidobakterium bifidum.

10. Sauerteig

Sauerteige enthalten Milchsäurebakterien und Hefepilze, die der Mensch seit mehreren tausend Jahren für die Herstellung von Getreidefladen, Brot und brot-ähnlichen Nahrungsmitteln verwendet. Die Stoffwechselprodukte dieser Mikroorganismen lockern den Teig und verbessern die Verdaulichkeit, das Aroma, den Geschmack und die Haltbarkeit der Backwaren. Eine besondere Bedeutung hat Sauerteig bei der Verwendung von Roggenmehl. Während für Weizenmehl auch reine Hefe als Triebmittel verwendet werden kann, ist bei der Verwendung von Roggenmehl die Zuführung von Säure erforderlich, damit das Brot nicht flach bleibt. Eine typische Starterkultur für einen Sauerteig aus Roggen ist „Roggensauer". Es handelt sich hierbei um eine Mischung aus Roggenmehl, Wasser, Milchsäurebakterien wie Lactobazillus plantarum und Lactobazillus brevis sowie meist Hefen wie Saccharomyces cerevisiae und Saccharomyces minor. Nicht alle Roggen-Sauerteige enthalten ausreichend Hefen für die Lockerung. Deswegen wird oft mit Bäckerhefe nachgesteuert. Abhängig von den verschiedenen Mikroorganismen entstehen unterschiedliche Produkte aus der Verstoffwechselung. Sauerteigansätze gibt es fertig abgepackt zu kaufen oder als Trockenmischung. Sie können sich aber auch Ihre eigene Sauerteigkultur herstellen. Traditionelle Bäckereien nutzen über Jahrzehnte denselben Ansatz, den sie liebevoll pflegen. ●

Warum man fermentierte Lebensmittel kaum kaufen kann

Ist der Prozess der Fermentation erst einmal in Gang gesetzt, so setzt er sich so lange fort, bis keine Nahrung mehr für die Mikroorganismen vorhanden ist. Doch warum wird die Fermentation bei Produkten aus dem Supermarkt nahezu immer gestoppt? Sauerkraut aus Omas Keller hat ja früher auch eine Ewigkeit lang gehalten. Nun, während der Fermentation entsteht Kohlendioxid. Dies kennt man vom berühmten Federweißer, also einem Traubensaft, der bereits ein paar Tage gegoren ist. Würde man ihn mit einem Korken verschließen, so würde dieser bereits nach wenigen Stunden herausgedrückt werden. Daher wird er auch immer offen und stehend verkauft. Die Fermentation wird primär aus organisatorischen, logistischen und nicht zuletzt Kostengründen vorgenommen und um einen immer gleichen Geschmack zu erreichen. Oder anders ausgedrückt, eine industrielle Massenfertigung ist nur so machbar. Daher wird beispielsweise Federweißer weiterhin fast nur von lokalen Winzern angeboten. Ein abgekochtes gekauftes Sauerkraut aus der Dose ist daher nie mit einem noch lebendigen, hochwertigen frischen Sauerkraut vergleichbar, wie man es vereinzelt noch auf Wochenmärkten erhält.

Um die Fermentation zu stoppen, werden heutzutage verschiedene Methoden eingesetzt. Bei Wein wird dies beispielsweise durch die Zugabe von Schwefel erreicht. Bier aus dem Getränkemarkt wird zu einem bestimmten Zeitpunkt erhitzt, wodurch die Fermentation zum Erliegen kommt und die Mikroorganismen absterben. Nur wenige kleine lokale Brauereien bieten manchmal noch ein nicht fermentationsgestopptes Bier an. Es ist dann noch lebendig, allerdings auch nur relativ kurz haltbar. Dasselbe gilt für alle fermentierten frischen Lebensmittel wie beispielsweise Sauerkraut, Kefir oder milchsauer

lebendige Nahrung

vergorene Säfte. Sobald sie abgepackt und fest verschlossen verkauft werden, sei es in Dosen, Gläsern oder Flaschen, ist davon auszugehen, dass sie entweder erhitzt oder auf eine andere Art die lebendigen Mikroorganismen abgetötet wurden. Die positive Wirkung der Mikroorganismen ist damit nicht mehr gegeben.

Für die allermeisten fermentierten Lebensmittel bleibt inzwischen daher nur die Möglichkeit, sie zu Hause einfach selbst herzustellen. Das bedeutet zwar etwas mehr Aufwand, das Ergebnis entschädigt uns jedoch sowohl geschmacklich als auch durch die positiven Effekte auf unsere Gesundheit. Und was gibt es schließlich Wichtigeres als unsere Gesundheit? Ein Lichtblick ist, dass inzwischen immer mehr Gourmetrestaurants fermentierte Speisen für sich entdecken und damit für eine Renaissance frisch fermentierter Lebensmittel sorgen. Auch in den USA, Großbritannien und Australien ist bereits ein regelrechter Fermentationshype im Gange.

> Milchsäure-bakterien bauen die in den Lebensmitteln enthaltenen Kohlenhydrate zu Milchsäure ab.

Sobald fermentierte Lebensmittel abgepackt und festverschlossen verkauft werden, ist davon auszugehen, dass sie entweder erhitzt oder auf eine andere Art die lebendigen Mikroorganismen abgetötet wurden. Man kann sie jedoch mithilfe der neuen Methode der Micro-Fermentation einfach selbst machen.

Histamin-Unverträglichkeit und Fermentation

Wer auffälliger Weise kurz nach dem Genuss von histaminreichen Nahrungsmitteln wie beispielsweise Rotwein, Cheddar Käse oder Schinken Symptome wie Hautausschlag, Durchfall, Erbrechen, Herzklopfen, Kurzatmigkeit, Magenkrämpfe, eine laufende Nase oder geschwollene Augen an sich

elbst machen

beobachtet, könnte an einer Histaminintoleranz leiden. Betroffene reagieren in diesem Fall empfindlich auf Histamine. Histamine sind im Grunde völlig natürliche Substanzen, die sich in vielen Lebensmitteln befinden. Gleichzeitig werden sie auch im menschlichen Organismus selbst gebildet und erfüllen dort viele verschiedene Funktionen, vor allem als Botenstoffe. Besonders bekannt ist ihre Beteiligung an entzündlichen oder allergischen Immunreaktionen. Menschen mit einer Histaminunverträglichkeit wird in der Regel empfohlen, fermentierte Nahrungsmittel grundsätzlich zu meiden. Doch diese pauschale Empfehlung ist so nicht länger haltbar. Denn die Forschung der letzten Jahre hat gezeigt, dass viele fermentierte Lebensmittel die Histaminproduktion sogar hemmen und auch Entzündungen entgegenwirken können.

Die Histaminproduktion hängt im Wesentlichen von der Art der Bakterien und dem fermentierten Nahrungsmittel selbst ab. Nachfolgend ein paar spannende Erkenntnisse hierzu.

Je nach Bakterienkultur können sie Histamin produzieren, Histamin abbauen oder keinerlei Auswirkung haben.

- Die Histaminproduktion wird vor allem mit gram-negativen Bakterien wie Enterobacteriaceae verbunden. Diese sind aber nur in den ersten Stufen der Fermentation vorhanden und gehen durch die Absenkung des pH-Werts im Laufe der weiteren Fermentation zugrunde.

- Lactobazillus plantarum produziert kein Histamin und kann sogar Histamin abbauen.

- Die Bakterien Lactobazillus sakei probio in Kimchi, einem koreanischen Kohl Rezept, zeigten eine histaminhemmende und entzündungshemmende Wirkung.

- Laktobazillus rhamnosus wirkt sich positiv auf den H2-Rezeptor aus und hilft auch die Histaminproduktion zu stoppen.

Histaminreduziere

- Kefir-Kulturen können die Mastzellaktivierung und damit auch die Histamin-Produktion hemmen.

- Lediglich die Bakterien in fermentierten Milchprodukten sind stark histaminbildend und sollten daher von jedem histaminintoleranten Menschen gemieden werden.

Generell kann der histaminintolerante Patient bei Bakterienkulturen, die für die Fermentierung verwendet werden, auf Folgendes achten:

1. **Histaminproduzierende Bakterien**
   Lactobazillus casei, Lactobazillus reuteri und Lactobazillus bulgaricus

2. **Neutrale Bakterien**
   Streptococcus thermophiles und Lactobazillus rhamnosus

3. **Histaminabbauende Bakterien**
   Bifidobakterium infantis, Bifidobakterium longum und Lactobazillus plantarum

Millivital Hista-Protect

Damit histaminsensible Menschen auch in den Genuss von fermentierten Lebensmitteln und deren gesundheitlichen Vorteilen kommen, haben wir das Produkt Millivital Histaprotect entwickelt. Bestimmte ergänzende Zutaten können zudem den Histamingehalt in fermentierten Lebensmitteln weiter senken. Die folgenden Gewürze, nicht erhitzt, besitzen eine histaminreduzierende Wirkung: Curcuma, Ingwer,

de Zutaten

Knoblauch, Thymian, roter Pfeffer, schwarzer Pfeffer und Salz. Das Vitamin C in Orangen und Zitronen senkt das Histamin ebenfalls, sie können sehr gut mitfermentiert werden. ●

Gesundheitliche Vorteile fermentierter Lebensmittel

Verbesserter Geschmack und Bekömmlichkeit

Manche intensiv schmeckende Lebensmittel wie z.B. Knoblauch oder Zitronen werden durch die Fermentation in ihrem Geschmack etwas abgeschwächt. Andere wiederum, wie beispielsweise Essig, entwickeln durch die Fermentation erst so richtig ihren Geschmack. Fermentierte Lebensmittel sind zudem meist sehr gut bekömmlich, da Enzyme während der Fermentation Fette, Eiweiße und komplexe Zuckermoleküle wie Kohlenhydrate aufspalten. Hierdurch wird die Verdauung erleichtert und als Folge kommt es zu weniger Blähungen. Ein positiver Nebeneffekt für unser Körpergewicht ist, dass der natürliche in Lebensmitteln enthaltenn Zucker den Bakterien und Hefen als Nahrung dient und sie daher weniger Kalorien enthalten als zuvor.

Reich an Vitaminen und Enzymen

Eine Fermentation erhöht den Gehalt an wichtigen Mikronährstoffen im Vergleich zum Ausgangslebensmittel deutlich. So enthält beispielsweise fermentierter Mais deutlich größere Mengen an Vitamin B 12, Folsäure und Vitamin B 3 als unfermentierter Mais. Dadurch steigt die Verfügbarkeit wichtiger Aminosäuren wie Tryptophan und Methionin. Ebenso erhöht sich durch die Fermentation seine antioxidative Wirkung. Antioxidantien haben eine große physiologische Bedeutung durch ihre Wirkung als Radikalfänger. Sie inaktivieren im Organismus reaktive Sauerstoffspezies (ROS), deren übermäßiges Vorkommen zu oxidativem Stress führt, der in Zusammenhang mit dem Altern und der

Entstehung vieler Krankheiten gebracht wird. Abhängig vom verwendeten Fermentationsstarter konnten sogar unterschiedliche Konzentrationen wichtiger sekundärer Pflanzenstoffe, wie Polyphenole gemessen werden. Andere Studien zeigten, dass durch die Fermentation Vitamine wie B1, B2, B3, B5, B6, B12, D2, K2, Folsäure und Biotin mithilfe der Mikroorganismen entstehen. Fermentierte Nahrung liefert auch Enzyme, die für unsere Physiologie essenziell sind. Im Sinne der Food Synergy erleichtern sie auch die Aufnahme von Lebensmitteln im Darm und verbessern die Darmschleimhaut. Die für uns wichtigen Darmbakterien produzieren in erster Linie Milchsäure, aber auch Essigsäure, Verdauungsenzyme und Vitamine. Diejenigen, die Milchsäure produzieren, sind als Lakto- und Bifidobakterien bekannt. Die beiden bekanntesten und wichtigsten Arten sind Lactobazillus acidophilus und Bifidobakterium bifidus. Lakto- und Bifidobakterien sind die natürlichen Gegenspieler der für uns schädlichen Kolibakterien und halten das Darmmilieu im Gleichgewicht. Von einem idealen Mengenverhältnis der Bakterienstämme spricht man, wenn im Dickdarm die nützlichen Bakterien mit 85 Prozent überwiegen.

> Durch eine Fermentation entstehen mithilfe der Mikroorganismen Vitamine wie B1, B2, B3, B5, B6, B12, D2, K2, Folsäure und Biotin.

Hoher Gehalt an Probiotika

Die Fermentation von Lebensmitteln entsteht meist durch Milchsäurebakterien. Sie sind auch wesentlicher Bestandteil unserer Darmflora. Die gesundheitsfördernden Darmbakterien, wie Laktobazillen, produzieren unter anderem Verdauungsenzyme. Sie helfen uns dabei, die Verdauungsfunktion des Körpers aufrechtzuerhalten, während sie gleichzeitig die Aktivität von Fäulnisbakterien einschränken. Wenn Sie unter Blähungen leiden, kann dies beispielsweise ein Indiz dafür sein, dass Fäulnisbakterien in Ihrem Darm überhandgenommen haben. Fermentiertes Gemüse ist aufgrund der reichlich vorhandenen Milch-

stoffen

säurebakterien ein tolles Probiotikum – also ein Produkt, welches uns vorteilhafte Darmbakterien zuführt und kann uns helfen, eine gesunde Darmflora zu erhalten oder wiederaufzubauen. Diese ist sehr wichtig für unser Immunsystem, unsere Psyche und viele weitere Funktionen in unserem Körper. Sauerkraut ist beispielsweise reich an Probiotika wie Leuconostoc mesenteroides, Lactobazillus brevis, Pediococcus pentosaceus oder Lactobazillus plantarum. Mit dem Verzehr von unerhitztem, fermentiertem Sauerkraut gehören Verdauungsbeschwerden für Viele der Vergangenheit an. ●

Fermentiertes Gemüse kann uns dabei helfen, eine gesunde Darmflora wieder aufzubauen oder zu erhalten.

Cholesterinsenkung durch Milchsäurebakterien

Die einzelnen Bereiche der menschlichen Verdauung

Leber

Galle

Magen

Blut

Dünndarm

1 Gallensalze werden in der Leber mithilfe von Cholesterin produziert.

2 Um Fett zu verdauen, gelangen Gallensalze in den Dünndarm.

3 Um Cholesterin zu recyceln, werden die Gallensalze normalerweise wieder über das Blut zurück in die Leber transportiert. Die Milchsäurebakterien spalten jedoch die Gallensalze und Cholesterin im Darm auf, sodass sie zusammen ausgeschieden werden.

4 Damit die Leber wieder Gallensalze produzieren kann, entzieht sie nun dem Blut Cholesterin, mit der Folge, dass der Cholesterinwert im Blut um ca. 15 Prozent sinkt.

- Cholesterin
- Gallensalze
- Fett
- Milchsäurebakterien

Verbesserte Aufnahme von Mikronährstoffen

Fermentierte Lebensmittel tragen auf drei Arten zu einer effizienten Verdauung bei:

1. **Sie spalten verzehrte Lebensmittel auf und erleichtern dadurch die Verdauung.**

2. **Sie stellen Enzyme bereit, welche die Verdauung unterstützen.**

3. **Sie liefern gute Darmbakterien und stellen Nahrung für sie bereit.**

Alle fermentierten Lebensmittel enthalten grundsätzlich verschiedene Milchsäurebakterien, Hefen und Pilze, die auch Enzyme produzieren. Diese Organismen und Enzyme zersetzen und verändern unsere Lebensmittel, indem sie die komplexen Proteine, Fette und Kohlenhydrate in leicht aufzunehmende Aminosäuren, Fettsäuren und einfache Zucker umwandeln. Dies führt zu einer effizienteren Aufnahme und Verwertung dieser Nährstoffe und zu einer geringeren Belastung des Verdauungstraktes. Die Wirkung der Mikroorganismen macht auch Mineralien in fermentierten Lebensmitteln für den Körper leichter verfügbar. Bakterien können auch B-Vitamine produzieren, wodurch der Gehalt dieser Vitamine in vielen kultivierten Lebensmitteln signifikant erhöht wird.

Daher empfehlen wir fermentierte Lebensmittel mindestens einmal pro Tag in die Mahlzeiten zu integrieren.

Neutralisiert Antinährstoffe

Nährstoffe in Pflanzen sind nicht immer leicht verdaulich. Dies liegt daran, dass Pflanzen sogenannte Antinährstoffe enthalten können. Dies sind pflanzliche Verbindungen, welche die Aufnahme von Nährstoffen in unserem Verdauungssystem reduzieren. Sie können besonders in Ländern, die ihre Ernährung weitgehend auf Getreide und Hülsenfrüchte stützen, ein Problem werden.

unfermentiertes Getreide und Hülsenfrüchte können für unseren Körper ein Problem werden.

Getreide ist erst fermentiert bekömmlich und für uns wertvoll.

Antinährstoffe finden bei den meisten Menschen keine große Beachtung in der Ernährung, solange sie ausreichend mit Mikronährstoffen versorgt sind. Bei einer abwechslungsreichen Ernährung, die viel frisches Gemüse und Obst enthält und Getreide sowie Hülsenfrüchte nur in Maßen, ist dies in der Regel auch kein großes Problem. Problematisch kann es jedoch werden, wenn die Ernährung zu einem Großteil aus unfermentiertem Getreide und Hülsenfrüchten besteht. Da viele morgens mit einem Müsli oder Brot in den Tag starten, mittags Pasta auf den Tisch kommt und abends das traditionelle Abendbrot ansteht, ist dies gar nicht einmal so *reduzieren*

selten der Fall. Hinzu kommt, dass viele auch bewusst den Fleischkonsum reduzieren und Linsen und Co. als Ersatz nutzen, um ausreichend mit Eiweiß versorgt zu werden.

Die am besten erforschten Antinährstoffe sind

Phytat (Phytinsäure)
Phytat wird hauptsächlich in Samen, Getreide sowie Hülsenfrüchten gefunden und verringert die Aufnahme von Mineralien aus unserer Nahrung. Dazu gehören Eisen, Zink, Magnesium und Kalzium.

Tannine
Eine Klasse antioxidativer Polyphenole, die die Verdauung verschiedener Nährstoffe beeinträchtigen können.

Lektine
Sie sind in allen Nahrungspflanzen, vor allem in Samen, Hülsenfrüchten und Körnern enthalten. Einige Lektine können in großen Mengen schädlich sein und die Aufnahme von Nährstoffen stören.

Durch eine Fermentation werden wichtige Antinährstoffe wie Phytat, Tannine und Lektine wirksam abgebaut. Wie das im Detail funktioniert, behandeln wir in dem entsprechenden Kapitel noch einmal ausführlich.

Spannend ist, dass Getreide in nahezu allen Kulturkreisen ursprünglich nur fermentiert verzehrt wurde. Es hat sich im Laufe der Jahrhunderte nach und nach herausgestellt, dass Getreide erst fermentiert bekömmlich und wertvoll für uns ist. Diese Erkenntnis ist in den letzten 100 Jahren wohl leider wieder verloren gegangen. Die Methode der Micro-Fermentation transformiert dieses alte Wissen in die Gegenwart und macht die vielfältigen Vorteile wieder im Alltag nutzbar. ●

Getreide wurde früher in allen Kulturkreisen nur fermentiert verzehrt.

Bakterien beinflus

Unterstützung des Immunsystems

Verantwortlich für ein gutes Funktionieren unseres Immunsystems sind eine Reihe verschiedener Immunzellen in diversen Körpersystemen. Diese Immunzellen werden von Bakterien auf ganz spezielle Weise beeinflusst. Manche Bakterien verstärken beispielsweise die Aktivität einiger für das Immunsystem wichtigen Gene, während andere sie reduzieren. Immer mehr versteht man, dass dies ein wichtiger Kontrollmechanismus für die Funktion unserer körpereigenen Abwehr ist. Man vermutet, dass manche Bakterien bestimmte Gene hochregulieren, um ein für sie günstigeres Milieu zu schaffen, während andere die Genexpression eher unterdrücken, um auf diese Weise ein feindlicheres Milieu für krankmachende Keime zu erzeugen.

Interessante Forschungsergebnisse gibt es zu der Wirkung von Bakterien auf Zytokine. Dies sind Botenstoffe, die verantwortlich sind für Entzündungsreaktionen als Antwort auf Infektionen, Krebs und andere Erkrankungen. Als Forscher die Wirkung von Bakterien auf jene Gene untersuchten, welche die Aktivität von Zytokinen steuern, bemerkten sie ebenfalls diese ausgleichende Dynamik. Manche Keime verstärkten die Aktivität dieser Gene während andere sie unterdrückten. In ähnlicher Weise, und dies auch entgegen allen Erwartungen, hatten Bakterien, die zur selben Verwandtschaftsgruppe gehörten, nicht unbedingt

n Immunzellen

denselben oder überhaupt einen ähnlichen Effekt auf die Immunzellen. Diese Beobachtung wiederum legt nahe, dass ein Sicherheitsmechanismus existiert, der garantiert, dass die Immunabwehr auch dann noch funktioniert, wenn ganze Gruppen von Bakterienarten verloren gehen. So führen manche Bakterien zu einer Vermehrung von regulatorischen T-Zellen, das sind bestimmte Immunzellen die zu den Lymphozyten gehören, die verantwortlich sind für die Eindämmung von Entzündungsprozessen sowie die Aufrechterhaltung der Selbsttoleranz, die nötig ist, um den Körper vor einem Angriff des Immunsystems auf sich selbst zu schützen.

Eine einzelne, bislang wenig bekannte Mikrobe, Fusobakterium varium, konnte in Studien von allen Keimen die mit Abstand stärkste Wirkung auf die Zellen des Immunsystems zeigen. Dies schloss sowohl die Unterdrückung der Sekretion von antimikrobiellen Substanzen als auch die gleichzeitige Aktivierung mehrerer entzündungsfördernder Gene ein. Die am stärksten von den Bakterien beeinflussten Immunzellen scheinen die sogenannten dendritischen Zellen zu sein. Diese stehen in direktem Kontakt mit dem Mikrobiom und haben zugleich einen Einfluss auf die bereits erwähnten regulatorischen T-Zellen und deren Freisetzung von Interferonen, die dem Körper in Form von im Organismus produzierten Eiweißen der Abwehr von Viren dienen. ●

Wir stehen erst am Anfang, die komplexe Zusammenarbeit all der bakteriellen Helfer in und auf uns mit unserem Immunsystem zu verstehen, doch wissen wir jetzt schon, dass sie eine zentrale Rolle für uns spielen.

Getreide sein Dickm

Hilft beim Abnehmen

Im Laufe der Fermentation werden viele Kohlenhydrate abgebaut, da sie Mikroorganismen als Nahrung dienen. Fermentierte Lebensmittel enthalten daher weniger Kalorien und machen infolgedessen weniger dick. In einer Studie wurde zudem festgestellt, dass lebendiger, also nicht pasteurisierter Essig bestimmten Darmbakterien als Nahrung dient, die uns dabei helfen, Gewicht abzubauen.

Fermentierte Lebensmittel enthalten deutlich weniger Kalorien, da Kohlenhydrate durch die Fermentation abgebaut werden.

Als wir Menschen vor rund 10.000 Jahren damit begannen langsam sesshaft zu werden und Ackerbau zu betreiben, fingen wir auch an, lektinhaltige Lebensmittel wie Getreide zu kultivieren. Dies veränderte unsere Ernährung grundlegend, war sie bis dahin doch stark vom Sammeln von Beeren, Obst und Gemüse sowie gelegentlichem Jagen von Wild geprägt. Diese Veränderung der Ernährung wird von vielen Ernährungsforschern als fundamentalste Veränderung in unserer Geschichte bezeichnet, da sie sehr viele negative Konsequenzen für unsere Gesundheit mit sich brachte. Tatsächlich kann man inzwischen belegen, dass die Menschen damals durch die Ernährungsumstellung kleiner und dicker wurden. Ein Lebensmittel war hierfür besonders verantwortlich, der Weizen. Im Weizen befinden sich große Mengen Lektine wie Gluten oder das WGA (Wheat Germ Agglutinin). Dieses WGA hat eine besondere Wirkung auf achpotential nehmen

unseren Körper. Es führt dazu, dass der Körper leichter Fett einlagert mit der Folge, dass man schneller zunimmt. Diese Betrachtung bildet auch die Basis vieler gegenwärtiger Ernährungsprogramme wie beispielsweise der PALEO-Ernährung, die eine Ernährung wie zur Steinzeit propagiert, bei der Getreide und andere Ackerbaupflanzen noch nicht auf unserem Speiseplan waren. Sie führen jedoch häufig durch einen zu hohen Fleischkonsum zu einer starken Übersäuerung des Körpers mit all seinen negativen Konsequenzen.

Deutlich sinnvoller ist es dagegen, Getreide, Reis und Hülsenfrüchte zu fermentieren, da hierdurch der Gehalt an Lektin und Gluten drastisch reduziert wird. Insbesondere Getreide verliert hierdurch einen Großteil seiner Wirkung als Dickmacher Nummer eins. ●

Weitere gesundheitliche Vorteile

Hilft bei der Entgiftung

In Studien wurde gezeigt, dass fermentierte Lebensmittel und damit die Mikroorganismen darin, bei der Entgiftung von Insektiziden, zum Beispiel Organophosphaten, einer Gruppe von hochtoxischen Substanzen, helfen können. Die Bakterienstämme Leuconostoc mesenteroides, Lactobazillus brevis, Lactobazillus plantarum und Lactobazillus sakei bewirkten eine hundertprozentige Eliminierung des Giftes nach nur neun Tagen. In einer anderen Studie konnte bereits nach nur fünf Tagen Fermentation eine Reduzierung von Zyanid in Maniok, einer kartoffelähnlichen Wurzelknolle, um 95 Prozent gezeigt werden. Dies wurde ebenfalls den sich positiv auf die Entgiftung auswirkenden Bakterien zugeschrieben. In ihren förderlichen Auswirkungen auf das Mikrobiom im Darm konnte auch gezeigt werden, dass Quecksilber durch Darmbakterien in eine leichter auszuscheidende Form umgewandelt werden kann. Ebenso werden von den Bakterien der Fermentation mehr Vitamine zur guten Entgiftung zur Verfügung gestellt. In einer immer toxisch werdenden Welt sollten also fermentierte Lebensmittel ein fester Bestandteil unserer Ernährung sein.

Erzeugt ganzjährig lebendige Nahrung

Bei fermentierten Lebensmitteln handelt es sich aufgrund der vermehrt enthaltenen Mikroorganismen um lebendige Nahrung. Bei selbst zu Hause fermentierten Lebensmitteln entstehen ganzjährig viele positive Bakterien, die unsere

Lebensenergie dur

Gesundheit fördern. Dies ist insbesondere im Winter von nicht zu unterschätzender Bedeutung. Denn die weit verbreiteten Methoden um Lebensmittel haltbar zu machen, wie Pasteurisieren oder Einfrieren, vernichten wichtige Enzyme und nahezu sämtliche positiven Bakterienkulturen. Alle milchsauer vergorenen abgefüllten Säfte, Sauerkraut in Dosen oder Essiggurken in Gläsern, die Sie im Supermarkt kaufen können, sind erhitzt, um die Fermentation zu stoppen. Die für unseren Körper und unsere Gesundheit so wichtigen Milchsäurebakterien, die den fantastischen Ruf von fermentierten Lebensmitteln begründet haben, sind damit tot.

Führt zu einer hohen Biophotonenabstrahlung

Um den Grad der Vitalität eines natürlichen Lebensmittels zu erfassen, hat der deutsche Physiker Prof. Popp eine Messmethode entwickelt, mit deren Hilfe sich die Licht- beziehungsweise Biophotonenabstrahlung von Zellen ermitteln lässt. Mikroorganismen zeigten bei solchen Messungen eine um bis zu zweihundertfach höhere Emission an Biophotonen, als die von menschlichen Zellen, ein beeindruckender Wert. Spannend ist dies insbesondere vor dem Hintergrund, dass Mikroorganismen die Basis jedes fermentierten, unerhitzten Lebensmittels bilden. Da die Lichtabstrahlung unseres Körpers nach Popp auch Schlussfolgerungen über den Vitalitätszustand unserer Zellen ermöglicht, ist diese Mehrabstrahlung durch unser körpereigenes Mikrobiom sehr relevant. Prof. Popp konnte belegen, dass die Menschen mit der höchsten Biophotonenabstrahlung die gesündesten sind.

In den östlichen spirituellen Anschauungen spricht man von Prana, der Lebensenergie, die durch unseren Körper fließt, die sowohl die Kundalini-Energie bedingt als auch die 72.000 Nadis, eine Art Energiekanäle, in unserem Körper nährt. Der amerikanische Rohkost- und Fermentationsexperte Dr. Gabriel Cousins vergleicht die Biophotonenabstrahlung der Zellen mit diesen Phänomenen und sagt: „Je mehr wir solare Elektronen zu uns nehmen, die ein

Lebensmittel

Resultat davon sind, lebendige Nahrung in uns aufzunehmen, umso besser sind wir in der Lage mit solaren Elektronen zu resonieren, sie anzuziehen und sie zu absorbieren." Dr. Johanna Budwig, die akademische Abschlüsse in Medizin, Physik, Pharmakologie und Biochemie besaß, war davon überzeugt, dass die Photonen der Sonne, die sie „Sonnenelektronen" nannte, in natürlichen Nahrungsmitteln nicht nur viele Elektronen abgeben können, sondern in unserem Körper „solare Resonanzfelder" erzeugen, die die Energie der Sonne anziehen, speichern und leiten können. Die Energie, die wir von diesen solaren Photonen aufnehmen können, waren für sie ein wichtiger Anti-Aging-Faktor.

Wirkt gegen krankmachende Keime

Bei einer Fermentation gibt es fünf Faktoren, welche die Entstehung von potentiell gefährlichen Keimen unterbinden.

1. Das zu fermentierende Lebensmittel wird in Flüssigkeit ohne Sauerstoffzufuhr fermentiert. Da die meisten Keime für ein Überleben Sauerstoff benötigen, überstehen viele potentiell schädliche Keime bereits alleine aufgrund dieser Tatsache eine Fermentation nicht.

2. Durch die Fermentation entsteht Säure, die ebenso von den meisten Keimen nicht vertragen wird.

3. Die Fermentation bewirkt, dass der pH-Wert unter vier sinkt, ein Niveau bei dem die meisten Bakterien, Hefen und Pilze nicht mehr existieren können. Eine Ausnahme hiervon bilden die Laktobazillen, die sich bei einem pH-Wert von drei erst richtig wohlfühlen. Diese positiven Laktobazillen sind für die Herstellung von beispielsweise Sauerkraut notwendig und ausdrücklich erwünscht. Der pH-Wert sorgt also dafür, dass die guten Laktobazillen prächtig gedeihen, während negative Keime nicht überleben können.

4. Eine neue Bakterienflora bildet einen Schutzwall um das Eingemachte. Fermentierte Lebensmittel werden hierdurch länger haltbar. Bakterienkulturen aus fermentierten Lebensmitteln verdrängen sogar pathogen Keime wie beispielsweise Candida, Listerien oder auch Staphylococcus aureus, dem wohl gefürchtetsten Krankenhauskeim überhaupt.

5. Ein hoher Salzgehalt von zwei bis vier Prozent, wie er oft bei einer Langzeitfermentation angewandt wird, bildet eine weitere Hürde für jeden Erreger. Aufgrund dieser vielfach wirksamen Barrieren sind fermentierte Lebensmittel sehr sicher. In der Micro-Fermentation ist die Salzzugabe jedoch kein Muss, da auch ohne Salz eine Verdrängung von pathogenen Keimen erfolgt.

Längere Haltbarkeit

In der Vergangenheit, ohne Kühlschrank, Gefrierschrank oder Vakuumierer, war die Fermentation die ideale Art, Lebensmittel haltbar zu machen. Noch unsere Großeltern nutzten häufig diese Methode im Alltag. Klassisch fermentiertes Sauerkraut kann über den ganzen Winter hinweg problemlos ohne Konservierungsmittel und sonstige Hilfsmittel gelagert werden. Und auch ein gutes Sauerteigbrot ist meist länger haltbar als ein mit Konservierungsmitteln versehenes Brot aus einer Backmischung.

Fermentierte Milchprodukte weisen klare Vorteile auf

Milchprodukte sind für viele Menschen schon allein aufgrund der enthaltenen Laktose, dem Milchzucker, schwer zu vertragen, denn vielen fehlt das passende Enzym Laktase, um sie als Erwachsener im Körper abbauen zu können. Dies kann zu Symptomen im Verdauungstrakt führen, der sogenannten Laktoseintoleranz. Hinzu kommen Eiweiße wie Casein, die unerwünschte Reaktionen im Körper auslösen können. So bildet Beta

Casein A 1 beispielsweise sogenannte Casomorphine, die im Körper Entzündungen auslösen können. Und auch insulinähnliche Wachstumsfaktoren wie IGF-1 können das Wachstum von Tumoren fördern. Vor diesem Hintergrund ist Kuhmilch ein eher problematisches Lebensmittel, zumindest solange sie nicht fermentiert wurde. Denn auch im Fall der Kuhmilch kann die Fermentation Erstaunliches leisten.

Bei der Fermentation von Milch wird mithilfe von Hefen, Pilzen oder Bakterien, insbesondere Milchsäurebakterien, die Milch angesäuert und dadurch angedickt. Seit Jahrhunderten sind Kefir-Kulturen oder Kefir-Pilze ebenso wie Joghurt- oder Käsekulturen im Einsatz. Dies ist ein wichtiges Verfahren bei der Herstellung von Sauermilchprodukten wie Joghurt, Dickmilch und auch Käse. Um den Milchsäurebakterien einen optimalen Nährboden zu bieten, muss die Milch auf ca. 20 °C bis 45 °C erwärmt werden. Bei dieser Temperatur können sich die Bakterienkulturen am besten vermehren und das Enzym Laktase bilden. Laktase spaltet den Milchzucker Laktose in die Einfachzucker Glukose und Galaktose. Diese beiden Einfachzucker werden dann von den Bakterien weiter zu Milchsäure abgebaut. Die entstandene Säure wirkt sich auf das Milcheiweiß Casein aus. Das Casein gerinnt in der sauren Umgebung. Diese Gerinnung führt zu einer festeren Konsistenz, wie wir sie beispielsweise von Joghurt kennen. Als Nebenprodukt der Fermentation setzt sich Molke von der angedickten Milch ab. Je länger die Fermentation andauert, desto mehr negative Bestandteile wie Casein, Laktose und auch IGF-1 werden abgebaut.

Je länger eine Fermentation angedauert hat, umso weniger Laktose befindet sich im Käse oder Joghurt. Hartkäse ist daher nahezu laktosefrei und kann auch von Menschen mit Laktoseintoleranz meist problemlos gegessen werden, während Weichkäse aufgrund der kurzen Reifezeit noch signifikante Mengen an Laktose enthält. Die Fermentation reduziert auch den Wachstumsfaktors IGF-1, einem insulinähnlichen Wachstumsfaktor. Er wird beispielsweise für das Wachsen von Tumoren verantwortlich gemacht. Auch

Traditionelle Käseherstellung. Die lange Reifung baut einerseits problematische Inhaltsstoffe ab und führt andererseits zu einem edlen Geschmackserlebnis.

hier gilt, je länger die Fermentation angedauert hat, umso weniger IGF-1 ist im Endprodukt enthalten.

Auch wenn fermentierte Milchprodukte um einiges gesünder sind als unverarbeitete Kuhmilch, empfehlen wir aus den oben genannten Gründen möglichst nur mindestens 12 Monate lang fermentierten Käse zu kaufen und bei Getränken auf Milchbasis wie Kefir, lieber welchen aus Schafs- oder Ziegenmilch herzustellen. Denn Ziegen- und Schafsmilch enthält eine Casein-Variante, das sogenannte A2-Beta-Casein, das von vielen Menschen meist besser vertragen wird und auch weniger Laktose enthält. Eine noch bessere Alternative zu Joghurt und Kefir aus Kuhmilch ist es, ihn aus Pflanzenmilch herzustellen. Denn Joghurt und Co. lassen sich genauso aus Mandelmilch, Kokosmilch oder Hanfmilch herstellen und schmecken dazu noch außerordentlich lecker. Sie sind häufig im Bioladen zu kaufen oder auch sehr leicht selbst herzustellen.

Neutralisiert negative Wirkungen von Nachtschattengewächsen

Nachtschattengewächse wie Tomaten, Kartoffeln, Auberginen, Paprika, Chilischoten und auch Goji Beeren enthalten geringe Mengen verschiedener giftiger Alkaloide, also Lektine, die auch durch Kochen nicht vollständig zerstört werden. Sie lagern sich im Laufe der Zeit im Organismus ab und können langfristig zu Gesundheitsproblemen führen. Alkaloide haben normalerweise in der Natur das Ziel die Zellwand des Fraßfeindes zu zerstören. Dieser Prozess kann bei Menschen naturgemäß einige Jahre in Anspruch nehmen. Die Folge können jedoch langfristig chronische Entzündungen sein. Die Fermentation neutralisiert Alkaloide weitestgehend und damit ihre negative Wirkung. ●

Warum Getreide und Hülsenfrüchte nur fermentiert verzehrt werden sollten

Immer mehr Menschen haben Probleme mit der Verdauung von Getreide. Dies wird meist singulär dem in Getreide enthaltenen Gluten zugeschrieben. Doch gibt es neben Gluten noch ein paar weitere Faktoren, die Getreide für uns problematisch machen. Zumindest solange es unfermentiert ist. Mehr dazu gleich. Dies ist umso problematischer, da wir in einem Land leben, das wie kaum ein anderes eine sagenhafte Vielfalt an unterschiedlichsten Brotsorten bereithält und dementsprechend Brot fast zu jeder Mahlzeit dazugehört. Allein die Vorstellung, auf Brot aus gesundheitlichen Gründen verzichten zu müssen, ist für viele daher schon ein Grund zur leichten Panik und kaum vorstellbar.

Haben Sie sich schon einmal gefragt, warum französische Croissants eigentlich immer besonders lecker schmecken? Und warum können manche Menschen mit einer Glutenunverträglichkeit Baguettes in Frankreich meist ohne Probleme essen, während sie in Deutschland Probleme damit bekommen? Nun, sowohl Croissants als auch Baguettes werden in Frankreich traditionell fermentiert, während dies in Deutschland fast nie der Fall ist.

In Deutschland wird immer mehr Vollkornbrot statt Weißbrot gegessen, denn die beim Vollkornmehl mitvermahlenen Randschichten des Getreides sind voll gespickt mit wertvollen Mineralstoffen wie Calcium, Magnesium oder Kalium. Die Bevölkerung müsste daher eigentlich immer besser mit diesen Mineralstoffen versorgt sein. Dennoch weisen immer mehr Menschen einen Mangel an diesen Mineralstoffen auf. Wie passt das zusammen? Auch hier ist die Antwort in der fehlenden Fermentation von Backwaren zu finden. Denn Antinährstoffe wie die Phytinsäure, die besonders in den

Randschichten des Getreidekorns vorkommen, binden die wichtigen Mikronährstoffe, sodass sie für uns fast nicht mehr verfügbar sind. Getreide zu fermentieren ist daher wohl einer der wichtigsten Ernährungsratschläge, die wir für Sie bereithalten.

Getreide wurde früher in nahezu allen Kulturkreisen dieser Erde fermentiert verarbeitet. Mexikanische Tortillas genauso wie afrikanisches Fladenbrot, italienischer Pizzateig oder unser traditionelles Sauerteigbrot. Und das macht aus moderner ernährungswissenschaftlicher Sicht so viel Sinn, dass unfermentiertes Getreide eigentlich komplett von unserem Speiseplan gestrichen gehört.

Ein gutes Beispiel dafür, welche Folgen das Weglassen einer Fermentation haben kann, ist Mexiko. Laut Daten der WHO waren im Jahr 2014 „nur" 28,1 Prozent der Bevölkerung stark übergewichtig (adipös). Inzwischen leiden über 70 Prozent der Mexikaner an Übergewicht und Diabetes Typ 2 ist zu einer der Haupttodesursachen geworden. Inzwischen gilt es als erwiesen, dass der Anstieg der Übergewichtigen einherging mit dem massiven Rückgang der Tradition, Tortillateig zu fermentieren. Denn die Fermentation reduzierte drastisch den glykämischen Index. Forscher der National Autonomous University of México (UNAM) kamen daher auf die Idee, wieder fermentierte Tortillas auf den mexikanischen Markt zu bringen. Die prä- und probiotischen Eigenschaften der so hergestellten Tortillas senken nicht nur den Kohlenhydratanteil, sondern machen auch viele Mikronährstoffe besser verfügbar. Man kann nur auf eine rasche Verbreitung dieses Wissens und auf eine Rückkehr zu der traditionellen Herstellungsmethode mit Fermentation hoffen.

Doch zunächst noch einmal zu den positiven Eigenschaften von Getreide. Getreide enthält in den äußeren Randschichten sehr viele wichtige Mineralstoffe und Vitamine. Vollkorngetreide enthält beispielsweise die Vitamine B1, B2, B6, E, Folsäure und Niacin sowie Mineralstoffe wie Kalium, Calcium, Magnesium, Eisen und Phosphor. Und auch sein Brennwert und Eiweißgehalt ist hoch, sodass es ein guter Energielieferant ist. Nicht umsonst genießt

**Vergleich der Nährstoffgehalte verschiedener Getreidearten
(Angaben je 100 g Lebensmittel)**

	Hafer (Korn, entspelzt)	Roggen (Korn)	Weizen (Korn)	Dinkel/ Grünkern (Korn)	Hirse (Korn, entspelzt)
Energie	337 kcal	296 kcal	306 kcal	324 kcal	354 kcal
Kohlenhydrate	55,7 g	60,7 g	61,0 g	63,2 g	69 g
Ballaststoffe	9,7 g	13,2 g	13,3 g	8,8 g	3,8 g
Eiweiß	12,6 g	9,5 g	11,4 g	11,6 g	10,6 g
Fett	7,1 g	1,7 g	1,8 g	2,7 g	3,9 g
Vitamin B1	0,67 mg	0,35 mg	0,46 mg	0,3 mg	0,43 mg
Kalium	355 mg	510 mg	381 mg	447 mg	173 mg
Magnesium	129 mg	91 mg	97 mg	130 mg	123 mg
Eisen	5,8 mg	2,8 mg	3,3 mg	4,2 mg	6,9 mg

Quelle: Die große GU Nährwert-Kalorientabelle 2004/05, Gräfe und Unzer Verlag GmbH, München 2003

Vollkorngetreide einen hervorragenden Ruf. Doch warum ist Getreide dann nicht uneingeschränkt positiv für unseren Körper? Nun, es enthält in den Randschichten auch sogenannte Antinährstoffe, auch antinutritive Substanzen genannt. Dies sind sekundäre Pflanzenstoffe wie Lektine oder Phytate. Und auch das in Getreide enthaltene Gluten, ebenso ein Lektin, ist nicht

Durch eine Fermentation werden die in Getreide und Hülsenfrüchten enthaltenen Antinährstoffe weitestgehend abgebaut.

unproblematisch. Diese Stoffe nähren den Menschen nicht, sondern sie machen Nährstoffe für den Menschen ganz oder teilweise unbrauchbar.

Durch die Fermentation werden diese Stoffe weitestgehend abgebaut. Dies vereinfacht die Verdauung erheblich und erhöht den verfügbaren Nährwert. Die Fermentation verändert auch das Aminosäurenprofil des Getreides, wodurch die Wertigkeit des Getreideeiweißes die von Fleisch erreicht. Ähnlich verhält es sich bei Hülsenfrüchten wie Linsen, Kichererbsen oder Bohnen.

Lektine greifen die Darmwand an, dringen in den Blutkreislauf ein und können so vielfältige Entzündungen hervorrufen.

Phytinsäure bindet Mineralstoffe und blockiert Enzyme und verhindert so die Aufnahme von Nährstoffen während der Verdauung.

Gluten kann Erbrechen, Durchfall und Depressionen auslösen sowie Krankheiten wie Multiple Sklerose und Zöliakie begünstigen.

Lektine sind komplexe Proteine, die sich an Zellmembranen binden und dort biochemisch wirksam werden. Sie kommen in sämtlichen Getreidesorten mit Ausnahme der Hirse vor, vor allem in den Vollkornvarianten sowie in Hülsenfrüchten, inklusive Erdnüssen und Sojaprodukten. Man nimmt an, dass sie sich als Verteidigungsmechanismen gegen Fressfeinde entwickelt haben. Denn Tiere, die sie in zu großen Mengen verzehren, können daran sterben oder aus den unangenehmen Folgen lernen und in der Folge eher auf den Verzehr dieser Pflanzen verzichten. Lektine wären nach dieser Theorie eine

Die in Getreide und Hülsenfrüchten enthaltene Phytinsäure blockiert die Aufnahme von Mineralstoffen in unserem Körper drastisch.

Hülsenfrüchte mög

Art natürliches Insektenschutzmittel, das Pflanzen benutzen, um sich gegen ihren Verzehr zu wehren. Für die Konsumenten in der Nahrungskette sind sie Anti-Nährstoffe, für den Menschen sind einige Lektine sogar giftig. Das gefährliche Lektin Phasin befindet sich zum Beispiel in rohen Bohnen, wie Kernbohnen und grünen Bohnen. Daher kann man Bohnen auch nur gekocht essen, da sie andernfalls – je nach verspeister Menge – zu Durchfall und extremer Übelkeit, aber auch zum Tode führen können.

Lektine kommen vor in:

- Hülsenfrüchten wie z.B. Bohnen, Linsen, Erbsen und Sojabohnen.
- Sämtlichen Getreidearten außer Hirse.
- Obst inklusive Beeren und gemüseartigen Früchten wie z.B. Gurken, Kürbissen, Zucchini und Melonen.
- Nachtschattengewächsen wie z.B. Kartoffeln, Tomaten, Paprika und Auberginen.

Wenn man die Liste der Nahrungsmittel anschaut die Lektine enthalten, fragt man sich schnell, was man dann überhaupt noch essen kann. Aber keine Sorge, ganz so schlimm ist es nicht. Nicht jedes Lektin ist für den menschlichen Körper problematisch und auch die Menge an Lektin schwankt von Nahrungsmittel zu Nahrungsmittel deutlich.

Als einfache Regel für den Alltag empfehlen wir, Getreide und Hülsenfrüchte möglichst immer zu fermentieren und Nachtschattengewächse, wie Tomaten oder Kartoffeln, entweder nicht zu häufig auf dem Speiseplan zu haben oder ebenfalls zu fermentieren. Denn die Fermentation baut die Lektine nochmals deutlich besser ab, als dies allein durch Kochen möglich ist.

Lektine binden sich an besondere Kohlenhydratstrukturen. Durch diese Bindungsfreudigkeit heften sich einige Lektine an die Darmwände, besonders des Dünndarms, und können sie so beschädigen. Das beeinträchtigt die Fähigkeit

...ichst fermentieren

zur Aufnahme anderer Nährstoffe, die dem Körper dann fehlen. Lektine können auch in den Blutkreislauf eintreten und weiter entfernte Organe erreichen. Das heißt, der Darm kann undicht werden, es entsteht das sogenannte Leaky-Gut-Syndrom. Dadurch können weitere Stoffe wie Nährstoffreste und Toxine in den Blutkreislauf gelangen. Strömen Lektine durch den Körper und heften sich an weitere Organe, wehrt sich der Organismus dagegen. Er greift die Lektine an und mit ihnen auch gesundes Gewebe und Organe. Auf diese Weise können einige Autoimmunkrankheiten entstehen, zum Beispiel Multiple Sklerose. Auch Erkrankungen wie Arthritis, Morbus Crohn, Fibromyalgie, Reizmagen oder Schilddrüsenprobleme bringen Forscher heute mit Lektinen in Verbindung. Auch die Bauchspeicheldrüse kann auf diesem Weg bis zum Totalausfall Schaden nehmen, mit Diabetes Typ 1 als Folge. Weiterhin erschweren einige Lektine die Verdauung anderer Nahrungsbestandteile, darunter Stärke. Viele Lektine können durch Kochen reduziert werden. Doch noch effektiver ist die Fermentation. Durch eine zwölfstündige Fermentation können die meisten Lektine weitestgehend unschädlich gemacht werden. Deshalb empfehlen wir jedem, Getreide, Reis und Hülsenfrüchte unbedingt zu fermentieren. Leiden Sie jedoch unter Allergien, Autoimmunerkrankungen oder anderen chronischen Erkrankungen, so ist es einen Versuch wert, stark lektinhaltige Lebensmittel zu meiden oder sogar sämtliche lektinhaltigen Lebensmittel konsequent zu fermentieren.

> Getreide und Hülsenfrüchte sollen immer fermentiert werden, um den Gehalt an Lektinen abzubauen. Und dies funktioniert bereits nach 12 Stunden.

Gluten ist ein Gemisch aus verschiedenen Proteinen, welches erst in Verbindung mit Wasser entsteht. Es ist in den meisten Getreidesorten wie beispielsweise Weizen, Roggen, Hafer und Gerste enthalten. Im Volksmund ist Gluten auch bekannt als Klebereiweiß. Der Name kommt nicht von ungefähr, da ein Teig erst durch Gluten seine gummiartige, elastische Konsistenz erhält und gut verarbeitbar wird. Es sorgt damit für ein gutes Teiggerüst und lockere Brot- und

Die Vielfalt an Brot und Backwaren kennt kaum Grenzen. Klassisches Sauerteigbrot findet man in Bäckereien jedoch leider immer seltener.

Backwaren. Ein Brot in Laib-Form wird hierdurch erst möglich. Im Unterschied zum Fladenbrot ist das Brotbacken in Laib-Form nur mit Mehl möglich, das Gluten enthält. Dessen Gehalt ist für die Backeigenschaften von Weizenmehlen von zentraler Bedeutung. Ein Bestandteil des Glutens gehört zur Gruppe der Lektine, welche beispielsweise die Durchlässigkeit des Darms erhöhen und in Interaktion mit dem Lymphgewebe Entzündungen im Körper auslösen können.

Seit Jahrhunderten wird Brot aus Sauerteig hergestellt und auch Pasta-Teig wurde früher traditionell an Wäscheleinen aufgehängt und fermentierte in der feuchten Seeluft. Es gab jedoch noch keine Wissenschaftler, die die Vorteile der Fermentation untersuchen und begründen konnten. Man machte es einfach, da es sich im Laufe der Zeit als vorteilhaft für die Haltbarkeit oder Weiterverarbeitung herausgestellt hatte oder einfach, weil es besser schmeckte. Doch inzwischen weiß die Wissenschaft deutlich mehr über die Vorteile von fermentierten Lebensmitteln, insbesondere von Getreide. So konnten mehrere Studien in den letzten Jahren zeigen, dass sich der Glutengehalt von Getreide durch eine Fermentation drastisch senken lässt. Eine interessante Studie aus dem Jahr 2010 von Di Cagno und Kollegen zeigte nicht nur, dass durch die Fermentation im Sauerteig der Glutengehalt von Weizenmehl drastisch reduziert wird, sondern darüber hinaus, dass sogar Zöliakie-Patienten, also Menschen, die an einer Erkrankung leiden, die heftige Reaktionen im Körper zeigt, wenn Gluten zugeführt wird, Backwaren aus fermentiertem Teig ohne Symptome verzehren konnten. Die am Fermentationsprozess beteiligten Bakterien bauen das ursprünglich vorhandene Gluten weitestgehend ab. Dieses Wissen um die vorteilhafte Aufbereitung von Getreide ist jedoch fast verloren gegangen und kommt in der industriellen Fertigung von Backwaren aufgrund des benötigten Zeitbedarfs praktisch nicht mehr vor. Kaufen Sie daher Sauerteigbrot am besten bei einem traditionellen Bäcker, oder fermentieren Sie Brotteig einfach selbst.

Phytinsäure befindet sich in Getreide, Ölsaaten und Hülsenfrüchten. Phytinsäure ist ein Inositolring mit 6 Phosphatgruppen. Es ist ein natürlicher Stoff, der Pflanzen als Phosphor- und Mineralstoffquelle dient. Während der Keimung wird die Phytinsäure von einem Enzym namens Phytase abgebaut, wodurch sowohl Phosphor als auch die eingebundenen Mineralstoffe frei und somit auch verfügbar für die wachsende Pflanze werden. Für die Pflanze ist dieser Stoff also ungemein wichtig.

Durch die Fermentation wird im Sauerteig der Glutengehalt drastisch reduziert.

Für den Menschen ist die Phytinsäure jedoch ein Problem. Sie bindet aufgrund ihrer komplexbildenden Eigenschaften die mit der Nahrung aufgenommenen Mineralstoffe in Magen und Darm unlöslich miteinander, sodass diese dem Körper nicht mehr zur Verfügung stehen. Dazu zählen Calcium, Magnesium, Zink und Eisen. Sie rauschen quasi unnutzbar durch unsere Verdauung hindurch. Ein hoher Phytinanteil in der Nahrung kann daher bei diesen Mineralstoffen einen Mangel im Körper erzeugen, beispielsweise bei einer Ernährung mit sehr vielen Hülsenfrüchten, insbesondere Soja, aber auch Vollkorngetreide. Da die Phytinsäure äußerst hitzebeständig ist, kann sie selbst durch Kochen oder Backen nicht eliminiert werden. Hierdurch stehen uns die gebundenen Mineralstoffe nicht mehr zur Verfügung.

Instinktiv nutzten unsere Vorfahren und viele Naturvölker noch heute das

Wässern, Ankeimen und Fermentieren von Getreide, um den Gehalt antinutritiver Substanzen zu senken und es bekömmlicher zu machen. Und wie die moderne Wissenschaft nun belegt, mit Erfolg. Phytinsäure wird wie gesagt, durch das Enzym Phytase abgebaut. Das Enzym Phytase wiederum erreicht seine höchste Aktivität beim Abbau der Phytinsäure in Kombination mit Milchsäure, wie sie in der Fermentation häufig genutzt wird. Die im Getreide enthaltenen Mikronährstoffe werden durch die Fermentation wesentlich besser für unseren Körper verfügbar. So konnten Studien zeigen, dass sich die Mikronährstoffverfügbarkeit bei fermentiertem Reis um den Faktor 1.000 gegenüber unfermentiertem Reis erhöht! Daher empfehlen wir Getreide immer zunächst zu fermentieren. Die leichtere Bekömmlichkeit und die extrem verbesserte Verfügbarkeit der enthaltenen Mikronährstoffe sind Grund genug, dies möglichst immer zu tun.

Der Phytinsäuregehalt in den verschiedenen Lebensmitteln variiert sehr stark, ebenso der des abbauenden Enzyms Phytase. Roggen, Weizen und auch Buchweizen besitzen eine relativ hohe Phytaseaktivität, das heißt ihre Phytasen, welche die Phytinsäure abbauen, sind sehr fleißig. Dadurch wird die Phytinsäure bei einer Fermentation schneller abgebaut als beispielsweise bei Kichererbsen, Mais, Reis, Hafer und Sojabohnen, die eine eher geringe Phytaseaktivität aufweisen. Diesen Umstand kann man sich zunutze machen. Weicht man beispielsweise Mais, niedrige Phytaseaktivität, mit einem Teil Roggen, hohe Phytaseaktivität, zusammen ein, so kann hierdurch die Phytinsäure deutlich schneller verringert werden als ohne diesen natürlichen Beschleuniger. Dies wurde in einer Studie unter Laborbedingungen bestätigt. Zum Einsatz kamen 30 Prozent geschälter Reis, 60 Prozent Kichererbsen und 10 Prozent Buchweizen, der als Phytasequelle und damit Verstärker und Beschleuniger dienen sollte. Nach 200 Minuten war die

Die Mikronährstoffverfügbarkeit wird durch die Fermentation um den Faktor 1.000 gegenüber unfermentiertem Reis erhöht!

Phytinsäure beim Einweichen zusammen mit Buchweizen komplett abgebaut. Ohne die Zugabe von Buchweizen war dagegen nach 200 Minuten noch immer so viel Phytinsäure vorhanden, wie nach 120 Minuten mit Buchweizen. Die Zugabe von phytaseaktiven Nahrungsmitteln kann die Abbauzeit der Phytinsäure somit deutlich verringern. Hier zeigt sich auch wieder der Vorteil der Food Synergy, also der gezielten Kombination von Lebensmitteln.

Ähnlich verhält es sich mit Hülsenfrüchten wie Bohnen, Kichererbsen, Linsen und Co. Sie spielen heutzutage, insbesondere auf den Speiseplänen von Vegetariern und Veganern eine große Rolle, stellen sie doch eine sehr gute Eiweißquelle dar. Das amerikanische Institut für Krebsforschung, das American Institute for Cancer Research, kam nach der Durchforstung von fast 500.000 Studien zu der Empfehlung, nicht nur jeden Tag, sondern zu jeder Mahlzeit Hülsenfrüchte und Vollkorngetreide zu sich zu nehmen. Doch müssen sie häufig zunächst erst lange eingeweicht und dann auch noch lange gekocht werden, um sie für uns genießbar zu machen. Doch nicht nur der Grad der Aufweichung spielt beim Verzehr für die Verwertbarkeit eine große Rolle, sondern auch der sinkende Gehalt an den oben erläuterten Antinährstoffen. Wie Getreide enthalten auch Hülsenfrüchte Lektine und Phytinsäure. Einzig grüne Bohnen und Erbsen sind hinsichtlich der Anti-Nährstoffe relativ unproblematisch.

> Hülsenfrüchte enthalten viele Anti-nährstoffe, wie Lektine und Phytinsäure. Einzig grüne Bohnen und Erbsen sind hinsichtlich der Anti-Nährstoffe relativ unproblematisch.

Da wir gerade das Thema alternative Eiweißquellen für Vegetarier und Veganer gestreift haben, noch ein Wort zu Soja. Für viele stellt Soja eine leckere Alternative zu Fleisch dar. Denn Soja lässt sich, passend gewürzt, gut zu Sojawürstchen oder Tofu verarbeiten. Die meisten Fleischersatzprodukte basieren daher auf Soja. Allerdings enthält Soja neben Lektinen und Phytaten zusätzlich

Phytinsäuregehalt von Hülsenfrüchten

Durchschnittlicher Phytinsäuregehalt von Hülsenfrüchten in Gramm pro 100 g.

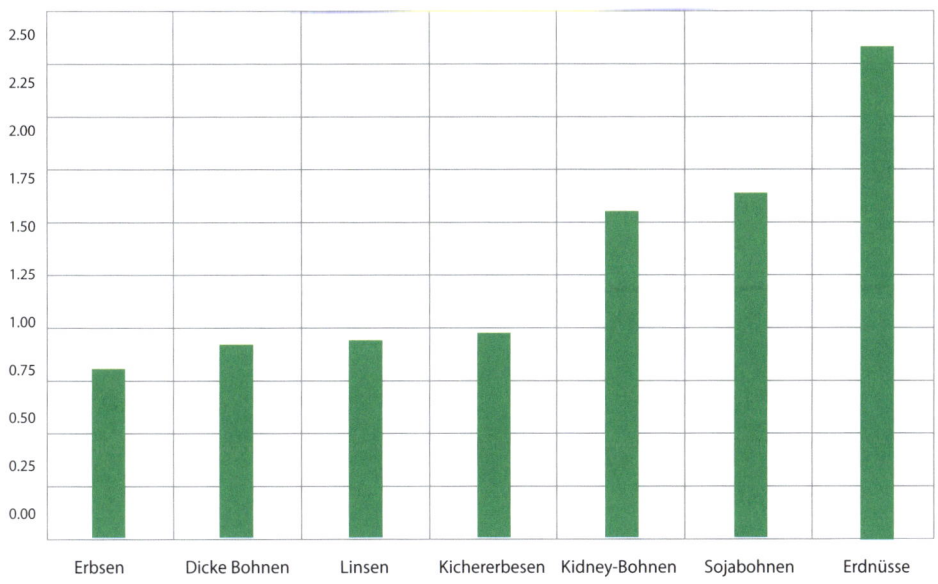

Quelle: Schlemmer U, Frølich W, Prieto RM, Grases F: Phytate in foods and significance for humans: food sources, intake, processing, bioavailability, protective role and analysis., 2009

Phytoöstrogene. Phytoöstrogene sind sekundäre Pflanzenstoffe, die in ihrer Struktur dem menschlichen Hormon Östrogen ähneln. Diese Ähnlichkeit lässt den Körper Phytoöstrogene mit echtem Östrogen verwechseln und bringt unseren Hormonhaushalt aus dem Gleichgewicht. Diese Phytoöstrogene lassen sich leider auch durch Kochen nicht abbauen. Neuere Forschungen konnten zeigen, dass, abhängig von der Starterkultur, die verwendet wurde, Phytoöstrogene durch eine Fermentation abgebaut werden können. Sojaprodukte sollten daher ebenfalls nur fermentiert verzehrt werden. ●

**Sauer
macht gesund**
Milchsäurebakterien
wandeln Kohlenhy-
drate in Milchsäure
um und liefern so
unserer Verdauung
wertvolle Probiotika.

Micro-Fermentation, die Weiterentwicklung der herkömmlichen Fermentation

Die veränderte Wahrnehmung von Bakterien im Laufe der Zeit

Die meisten von uns sind noch in einer Welt groß geworden, in der das Wort Bakterium eindeutig negativ besetzt war. Bakterien machten krank und mussten mit Antibiotika und antiseptischen Reinigungsmitteln bekämpft werden. Doch inzwischen weiß man, dass in unserer Umwelt die krankmachenden Erreger nur rund ein Prozent ausmachen und damit den allerkleinsten Teil der Mikroorganismen stellen.

In den letzten Jahren hat sich die Sicht auf Bakterien stark verändert. Man hat erkannt, dass wir als Menschen nicht nur aus unseren eigenen Körperzellen bestehen. Nach konservativen Schätzungen sind mehr als die Hälfte der im menschlichen Organismus vorkommenden Zellen nämlich keine menschlichen Zellen, sondern mikrobielle Zellen, also Zellen von Mikroorganismen. Wir beherbergen diese Bakterienkolonien auf unserer Haut, in Körperhöhlen und vor allem in unserem Darm. Sie üben sehr viele wichtige Funktionen in unserem Körper aus. Dem Darm-Mikrobiom etwa werden neben der Verwertung der aufgenommenen Nahrung viele weitere wichtige Funktionen zugeschrieben, darunter die Synthese lebenswichtiger Vitamine wie Vitamin B1, B2, B6, B12 und K, die Produktion kurzkettiger Fettsäuren, die Bekämpfung von Entzündungen, die Entgiftung von Fremdstoffen, die Unterstützung der Verdauung durch den Abbau schwer verdaulicher Nahrungsbestandteile wie Ballaststoffe, sowie die Stimulation des Immunsystems, die Verdrängung von Krankheitserregern und mehr.

Bakterien können

Diese Besiedelung des Menschen mit Mikroorganismen nennt man auch das Mikrobiom des Menschen. Inzwischen lässt sich aufgrund des Mikrobioms, also der Zusammensetzung der Bakterien in unserem Körper, feststellen, an welchem Ort der Erde jemand zu Hause ist. Ein Bewohner New Yorks hat beispielsweise eine andere Zusammensetzung an Bakterien in seinem Körper als ein Berliner. Anhand der Analyse des Mikrobioms können Kriminalisten inzwischen herausfinden, woher ein Verdächtiger stammt oder wo er sich in den letzten Monaten aufgehalten hat. Denn es gibt bereits Bakterienlandkarten der meisten Länder und auch der dortigen Großstädte, die jeweils einen individuellen „Fußabdruck" aufweisen.

Sieht man sich die Besiedelung der Därme mit Mikroorganismen in westlichen Industriegesellschaften an, so stellt man fest, dass die Biodiversität, also die Anzahl der verschiedenen Mikroorganismen, im Vergleich zu früher sehr stark abgenommen hat. Wir besitzen inzwischen im Vergleich zu scheinbar weniger entwickelten Ländern, ein deutlich kleineres Mikrobiom. Je mehr „Junk Food" wie Süßigkeiten, Pizza oder Weißbrot im Darm landet, umso schlechter ist die Besiedelung mit Darmbakterien und damit der Zustand unseres Verdauungstraktes. Die Folge sind Verdauungsprobleme wie Verstopfung oder Blähungen.

Ein weiterer Grund für die abnehmende Vielfalt in unseren Därmen ist die immer noch häufig leichtfertige Verschreibung von Antibiotika. Denn Antibiotika vernichten nicht nur den einen pathogenen, also schädlichen Erreger in uns, sondern auch noch ein Meer von, für uns wichtigen, Mikroorganismen. Um diesen massiven Verlust an Organismen wieder auszugleichen, wurden Probiotika, also Produkte mit guten Darmbakterien, auf den Markt gebracht. Sie sollten dafür sorgen, die vernichteten positiven Bakterien wiederaufzubauen. Nicht ideal ist dabei jedoch häufig, dass nur eine oder zwei Bakterienarten im Probiotikum enthalten sind. Denn sieht man sich die lebendige Natur an, so existieren Bakterien in und auf uns nicht allein, sondern immer in Synergie mit tausenden weiteren Mikroorganismen. Ein Probiotikum sollte daher immer möglichst viele verschiedene Bakterienkulturen enthalten. Probiotika

uch Freunde sein

können dabei helfen, die Besiedelung zu einem gewissen Grad wiederaufzubauen. Eine Alternative ist es, auch hierfür die Micro-Fermentation zu nutzen. Denn hierbei entsteht eine Fülle verschiedenster positiver Bakterien, Pilze, Hefen und Enzyme, die unseren Körper mit dem versorgen, was er braucht. Mehr dazu gleich in den folgenden Kapiteln.

Noch verstehen wir von den vielfältigen Wechselwirkungen der in und auf uns lebenden Bakterien nur sehr wenig. Doch ist klar, dass wir versuchen sollten, die Bakterienvielfalt möglichst gut zu pflegen und zu erhalten. Es ist bereits absehbar, dass in naher Zukunft ein Arzt nicht mehr pauschal ein Antibiotikum verschreibt und damit langfristig mehr Schaden als Nutzen anrichtet, sondern zunächst die Bakterien die uns zu schaffen machen identifiziert und daraufhin passende Bakterien verschreibt, die dem schädlichen Bakterium den Garaus machen. Die negativen Auswirkungen eines Antibiotikums könnten damit komplett vermieden werden.

Darwin ging noch davon aus, dass eine Weiterentwicklung der Erbinformation ausschließlich durch Mutationen, also kleinen zufälligen Veränderungen in unserem Körper, stattfindet. Die Mutation, die sich im Alltag am besten bewährt, würde sich im Laufe der Evolution dann durchsetzen und die schlechtere Variante verdrängen. Dies ist jedoch deutlich zu kurz gegriffen. Der Astrophysiker Prof. Sagan und seine ehemalige Frau, die Biologin Prof. Margulis von der Universität von Massachusetts, die sich seit Langem mit dem Ursprung des Lebens beschäftigen, konnten zeigen, dass es auch Bakterien waren, die ihre DNA, also ihre Erbinformation, in Zellen von Pflanzen, Pilzen und Tieren

> Nur circa ein Prozent der Bakterien sind für uns potentiell schädlich, während 99 Prozent für uns unbedenklich bzw. sogar gesundheitsfördernd sind.

einschleusten und damit die Evolution maßgeblich beeinflussten. Die Professoren Sonea und Mathieu konnten später zeigen, dass die Evolution wie wir sie kennen, eigentlich erst durch Bakterien ermöglicht wurde. Den Prozess der Evolution durch Genaustausch über Bakterien nannten diese Forscher Symbiogenese. Immer mehr Forschungsergebnisse zeigen, dass dieser Mechanismus auch heute noch durch Bakterien ständig in unserem Darm stattfindet. Bakterien, die wir über unsere Nahrung oder Luft aufnehmen, tauschen sich also mit den in unserem Körper befindlichen Bakterien aus. Wir können heute sagen, dass Bakterien nicht nur ihre eigene spezifische Erbinformation tragen, sondern sich alle Bakterien eines großen Genpools bedienen können, mit dem sie ständig im Austausch sind. Deshalb ist es von großer Bedeutung, welche Bakterien wir über unsere Nahrung aufnehmen und woher die Nahrungsmittel stammen.

Eine Entdeckung in Japan sorgte kürzlich für Furore und ist ein schönes Beispiel hierfür. Es wurde entdeckt, dass es in Japan eine Meeresalge gibt, die nur mithilfe von Enzymen eines bestimmten Meeresbakteriums, Zobellia galactanivorans genannt, verdaut werden kann. Jetzt kommt der spannende Teil. Interessanterweise konnten Japaner der Region diese Meeresalge verdauen, Menschen aus Zentraleuropa jedoch nicht. Wie ist das möglich? Als man versuchte herauszufinden, warum dies der Fall war, kam man zu der bahnbrechenden Erkenntnis, dass im Darm der Einheimischen Mikrobiom-Zellen genetisches Material mit dem Meeresbakterium ausgetauscht hatten, das ungeplant zusammen mit der üblichen Nahrung aufgenommen wurde. Durch diesen Austausch waren Japaner plötzlich in der Lage, das für die Verdauung dieser Meeresalge notwendige Enzym selbst zu produzieren.

Wenn Sie etwas intakte Natur um sich haben, sollten Sie diese Möglichkeit der Ergänzung der Gerichte nutzen nutzen. Selbstgefplückte Kräuter schmecken auch besser.

Die Besiedelung des menschlichen Körpers mit Billionen von Mikroorganismen nennt man auch das menschliche Mikrobiom.

Deshalb empfehlen wir, dem zu fermentierenden Lebensmittel vor der eigentlichen luftabgeschlossenen Fermentation noch etwas Frisches aus dem Garten hinzuzugeben, oder einfach den offenen Topf ein paar Minuten der frischen Luft im Freien auszusetzen. So erreichen auch lokale Keime den Fermentationsprozess und wir schaffen uns damit die Möglichkeit der Symbiogenese mit den positiven Keimen in unserer Umgebung. Natürlich ist nicht jeder Ort dafür geeignet. Doch wenn Sie etwas intakte Natur um sich haben, sollten Sie diese Möglichkeit der Ergänzung nutzen. ●

Für die Kaffee-Herstellung ist die Fermentierung von großer Bedeutung, da durch diesen Prozess die in den Kaffeebohnen enthaltenen Gerbstoffe abgebaut werden.

Im Mittelalter trank man zu Hofe häufig Wein und Bier, da sie aufgrund der Gärung und dem dadurch entstehenden Alkohol frei von unerwünschten Keimen waren. Wasser war zu dieser Zeit häufig bakteriell verunreinigt.

Gesundheitliche Vorteile von fermentierten Lebensmitteln

Seit circa 1910 werden fermentierte Lebensmittel allgemein als gesund angesehen. Elie Metchnikoff, ein russischer Bakteriologe, hatte beobachtet, dass Bulgaren eine Lebenserwartung von 87 Jahren hatten, was zu dieser Zeit sensationell war. Man führte diese hohe Lebenserwartung auf die Tatsache zurück, dass in Bulgarien damals deutlich mehr fermentierte Lebensmittel verzehrt wurden als in anderen Kulturen. Heute ist bekannt, dass fermentierte Lebensmittel zu einer signifikanten Verbesserung des Verdauungssystems führen und damit zu einer verbesserten Zusammensetzung des Mikrobioms. Dies hat wiederum positive Einflüsse auf nahezu jedes Körpersystem in uns.

Fermentierte Lebensmittel führen zu einer signifikanten Verbesserung des Verdauungssystems und damit zu einer verbesserten Zusammensetzung des Mikrobioms. Dies hat wiederum positive Einflüsse auf nahezu jedes Körpersystem in uns.

Studien zeigen, dass fermentierte Lebensmittel das Immunsystem positiv beeinflussen.

Die Einnahme von fermentierten Lebensmitteln führt dazu, dass unserem Magen-Darm-Trakt eine Fülle nützlicher, probiotischer Bakterien zur Verfügung stehen und das Mikrobiom hierdurch gefördert wird. Diese Bakterien verdrängen zum Beispiel schädliche Fäulnisbakterien, Pilze und andere Parasiten. Ein Beispiel hierfür ist der Hefepilz Candida albicans, der unseren Darm befallen kann. Candida albicans wird allerdings erst schädlich, wenn er sich im Übermaß ausbreiten kann, also wenn nicht genügend probiotische Bakterien vorhanden sind, die ihn in Schach halten. Um einer Candidainfektion vorzubeugen, kann der Verzehr von fermentiertem Gemüse sehr hilfreich sein.

Beim Verzehr von fermentierten Lebensmitteln konnte auch gezeigt werden, dass hierdurch das Immunsystem positiv beeinflusst wird. Denn unser Immunsystem benötigt probiotische Bakterien, um zu funktionieren. Es wird geschätzt, dass die Darmflora etwa 60 bis 80 Prozent unseres Immunsystems ausmacht und diese kann durch fermentierte Lebensmittel maßgeblich verbessert werden. Darmbakterien töten nicht nur Fäulnisbakterien oder Pilze ab, sondern können Immunantworten im ganzen Körper auslösen.

> Es wird geschätzt, dass die Darmflora etwa 60 bis 80 Prozent unseres Immunsystems ausmacht. Sie kann durch fermentierte Lebensmittel maßgeblich verbessert werden.

Weitere interessante Studienergebnisse:

- Fermentierte Lebensmittel konnten in Studien den Blutzucker regeln und Entzündungen bekämpfen.

- Durch den Verzehr von fermentierter Reiskleie zeigten Probanden weniger Müdigkeit und Stressanfälligkeit gegenüber der Kontrollgruppe.

- Fermentierte Reiskleie stimulierte das gesamte Immunsystem, indem es die Aktivität der weißen Blutkörperchen, natürliche Killerzellen, um 300 Prozent und mehr steigerte.

Micro-Fermentation

Die kleinen Darmbewohner haben sogar einen Einfluss auf unsere Psyche. Erst kürzlich wurden Zusammenhänge zwischen einem geringen Gehalt an Probiotika im Darm und Angstzuständen, Depressionen, Autismus und vielen anderen mentalen Leiden festgestellt.

Menschen, die fermentierte Lebensmittel regelmäßig zu sich nehmen, haben eine signifikant höhere Anzahl an positiven Bakterienstämmen in sich als Menschen, die dies nicht tun. Fermentierte Lebensmittel sind damit für die Zusammensetzung unseres Mikrobioms maßgeblich mit verantwortlich und bestimmen seine Stabilität und Funktion.

Die Bedeutung der Food Synergy in der Micro-Fermentation

Der neueste Bereich der Ernährungsforschung ist die Food Synergy Forschung, die ihren Ursprung in den USA hat. Im Gegensatz zu der bisherigen Herangehensweise der medizinischen Forschung, einzelne Stoffe aus einem Lebensmittel zu isolieren und deren Wirkung auf unseren Körper zu untersuchen, erforscht die Food Synergy Forschung seit rund 20 Jahren ganze Lebensmittel in ihrer komplexen natürlichen Form und Zusammensetzung. Also, wie die über 8.000 bekannten sekundären Pflanzenstoffe sowie 90 Vitamine, Mineralstoffe und Spurenelemente in der Nahrung zusammenspielen und wie Zahnräder ineinandergreifen.

Diese Betrachtungsweise ist revolutionär. Erstmals ist das primäre Ziel nicht mehr einzelne Stoffe zu entdecken und zu isolieren,

> Menschen, die fermentierte Lebensmittel regelmäßig zu sich nehmen, haben eine signifikant höhere Anzahl an positiven Bakterienstämmen in sich.

Inhaltsstoffe Brokkoli

(Menge je 100g gegart)

Kilokalorien	34	
Kilojoule	143	
Eiweiß	3,79	g
Fett	0,2	g
Kohlenhydrate	2,67	g
Wasser	89,06	g
Ballaststoffe	3,03	g
Cholesterin	0	g
Vitamin E	0,64	mg
Folsäure	25	µg
Vitamin B1	0,08	mg
Vitamin B2	0,16	µg
Vitamin B6	0,24	mg
Vitamin C	72,67	mg
Vitamin K	176	mg
Pantothensäure	1,11	mg
Biotin	0,09	mg
Retinoläquivalent	135	µg
ß-Carotin	807	µg
Natrium	21	mg
Kalium	212	mg
Magnesium	16	mg
Calcium	59	mg
Eisen	0,74	mg
Phosphor	63	mg
Kupfer	58	µg
Zink	0,43	mg
Chlorid	82	mg
Fluorid	11	µg
Jodid	15,8	µg

Quelle: Die Nährwertangaben basieren auf dem Bundeslebensmittelschlüssel 3.02 und sind Bestandteil der Ernährungssoftware NutriGuide® und Prodi®. Sie beziehen sich jeweils auf 100 Gramm des bestehenden Lebensmittels.

um diese dann als Medikament zu vermarkten. Vielmehr geht es darum zu verstehen, wie perfekt zusammengesetzt unsere natürliche Nahrung bereits ist und welche Effekte sie auf unseren Körper hat. Es ist ein Eingeständnis, dass unsere natürlichen Lebensmittel, die sich über Millionen von Jahren entwickelt haben, viel komplexer sind als bislang angenommen. So komplex, dass wir sie nicht künstlich nachbauen und ersetzen können.

Dr. David Jacobs von der Universität Minnesota kann als Begründer der Food Synergy-Forschung bezeichnet werden. Er fand erstmals heraus, dass die komplexen Kombinationen von Mikronährstoffen und anderen biologisch aktiven Inhaltsstoffen in unserer Nahrung einen viel größeren Einfluss auf unsere Gesundheit haben als bislang gedacht. In seinen Untersuchungen fokussierte er sich auf natürliche Lebensmittel, da diese bereits über Millionen von Jahren komplexe Nährstoffkombinationen herausgebildet hatten. Ihm wurde schnell klar, dass natürliche Nahrungsmittel vollständig integrierte Systeme in einer perfekten Zusammensetzung sind und damit deutlich mehr, als nur einfache Ansammlungen von ein paar Mikronährstoffen und bioaktiven Substanzen. Oder anders gesagt: eine Orange zu essen war für ihn deutlich mehr, als nur Vitamin C zu sich zu nehmen. Food Synergy ist seitdem definiert als der additive oder mehr als additive Einfluss von Nahrungsmitteln, Nahrungsbestandteilen und Ernährungsgewohnheiten auf unsere Gesundheit. Synergien bestehen dabei sowohl zwischen Vitaminen, zwischen Mineralstoffen, zwischen Vitaminen und Mineralstoffen als auch zwischen diesen und den sie umgebenden sekundären Pflanzenstoffen. Ebenso zwischen natürlichen Nahrungsmitteln verschiedener Arten wie Obst, Gemüse, Kräutern und Gewürzen. Wir empfehlen daher in allen Rezepten mindestens 5 verschiedene natürliche Nahrungsmittel zu fermentieren. Die Synergie der Bestandteile macht sie so um ein Vielfaches wertvoller für unseren Körper. ●

Wir empfehlen in allen Rezepten mindestens fünf verschiedene natürliche Nahrungsmittel zu fermentieren.

Fermentation beschleunigen

Millivital Micro-Fermentation – Die neue, schnelle Art der Fermentation

Klassischerweise erklären die meisten Bücher über Fermentation wie man Sauerkraut oder sauer eingelegtes Gemüse wie Gurken oder Paprika selbst machen kann. Das Endergebnis ist durchaus lecker, allerdings kann sich eine herkömmliche Fermentation über Wochen und Monate hinziehen, bis das Endprodukt fertig ist. Während der Fermentation muss dann noch darauf geachtet werden, dass das Produkt stets unter Luftabschluss ist, damit es nicht verdirbt. Alles in allem hat daher heute kaum noch jemand Zeit und Lust, sein Sauerkraut und Co. selbst zu machen, wenn es doch im Supermarkt täglich bequem verfügbar ist. Wie anfangs erläutert, handelt man sich damit jedoch den Nachteil ein, dass es sich nicht mehr um lebendige, fermentierte Nahrungsmittel wie zu Großmutters Zeiten handelt, die eine Vielzahl lebendiger Bakterien enthalten, sondern um abgekochte, „tote" Produkte. Die Effekte von gekauften, fermentierten und pasteurisierten Lebensmitteln auf unsere Gesundheit sind daher minimal.

Ideal wäre es, wenn sich die Fermentation deutlich beschleunigen ließe und darüber hinaus nicht direkt immer große Mengen auf Vorrat hergestellt werden müssten. Dies ist mithilfe der neuen Methode der Millivital Micro-Fermentation nun erstmals möglich.

Die Methode der Millivital Micro-Fermentation verkürzt die für die Fermentation benötigte Zeit von Wochen auf Tage bis Stunden. Ein Sauerkraut benötigt so nur rund ein Zehntel der Fermentierzeit.

Mit der neuen Methode der Millivital Micro-Fermentation erreicht Sauerkraut bereits nach vier Tagen einen Reifegrad wie er bei Anwendung einer herkömmlichen Fermentation erst nach rund vier Wochen erreicht werden würde. Das Geheimnis der Micro-Fermentation und der damit verbundenen drastisch verkürzten Fermentationszeit ist die Zugabe eines speziellen, neuartigen Micro-Fermentations-Beschleunigers. Er besteht aus verschiedenen Reinzucht-Zellkulturen auf Biobasis. Hierdurch wird die Fermentation deutlich beschleunigt, besser kontrolliert und unerwünschte Nebenprodukte ausgeschlossen. Millivital verwendet hierfür eine breite Mischung verschiedener hocheffektiver Bakterien-Reinzucht-Zellkulturen, insbesondere verschiedene Milchsäurebakterien. Dies ist von besonderer Bedeutung, da unser Darm nicht mit wenigen verschiedenen, sondern mit einer Vielzahl verschiedener Bakterienarten besiedelt ist. Der Effekt, insbesondere für unsere Verdauung, ist daher um ein Vielfaches höher als bei klassisch fermentierten Lebensmitteln ohne diese Vielfalt. Die weiteren Vorteile einer klassischen Fermentation bleiben darüber hinaus bestehen.

Der Millivital Micro-Fermentations-Beschleuniger beschleunigt die Fermentation drastisch und schließt unerwünschte Nebenprodukte aus.

Durch die Methode der Millivital Micro-Fermentation ist es nicht mehr länger notwendig, darauf zu warten, dass sich die auf den natürlichen Lebensmitteln befindlichen Keime, Hefen etc. vervielfältigen und die Fermentation langsam über Wochen auslösen.

Die Micro-Fermentation lässt sich nicht nur für die schnelle Fermentation von Gemüse wie Sauerkraut oder Gurken nutzen. Vielmehr lässt sich nahezu jedes frische Lebensmittel fermentieren. Aufgrund der schnellen Reifung lassen sich sogar Smoothies und frische Säfte über Nacht fermentieren. So können fermentierte Lebensmittel schnell, einfach und abwechslungsreich in den Alltag integriert werden.

...llere Fermentation

Eine weitere Besonderheit der Millivital Micro-Fermentation bildet die Möglichkeit, auch in kleinen Mengen zu fermentieren. Vorbei sind die Zeiten, in denen man über viele Wochen mehrere Kilo Kohl einlegen musste und diese dann über ebenfalls Wochen und Monate verspeist hat. Hierfür bietet Millivital Fermentationsbehältnisse an, mit deren Hilfe sich auch kleine Mengen unter Luftabschluss fermentieren lassen. Für eine gute Fermentation ist ein Luftabschluss unabdingbar. Denn nur so ist sichergestellt, dass das zu fermentierende Lebensmittel nicht verdirbt. Die Fermentationsbehältnisse von Millivital besitzen für ein luftdichtes Fermentieren einen Deckel mit Membran, welche das sich bildende Kohlendioxid entweichen, aber keine Luft eindringen lässt. Es ist so auch möglich, den besten Zeitpunkt für die Beendigung des Fermentationsprozesses zu erkennen, ohne den Behälter zu öffnen. Diese kleinen Einheiten haben den großen Vorteil, dass sich damit ein vielfältiger und abwechslungsreicher Speiseplan mit fermentierten Lebensmitteln leicht realisieren lässt.

Die Micro-Fermentation lässt sich auch hervorragend für die schnelle Fermentation von Getreide verwenden. Über die vielen Vorteile der Fermentation von Getreide, wie die Reduzierung von Phytinsäure, Lektinen und Gluten haben wir bereits im zugehörigen Kapitel gesprochen. Die Micro-Fermentation ermöglicht es, Dinge wie Teig für Brot und Fladen oder auch Vollkornreis innerhalb kurzer Zeit zu fermentieren und damit einerseits deutlich bekömmlicher und andererseits die Nährstoffe besser verfügbar zu machen. Wie neueste Studien belegen, kommt hinzu, dass der glykämische Index, also der Grad, wie stark ein Lebensmittel unseren Blutzuckerspiegel ansteigen lässt, von fermentiertem Getreide um rund 30 Prozent niedriger ist als der von unfermentiertem Getreide. Für Personen, die auf eine nicht zu starke Schwankung ihres Zuckerspiegels achten müssen, ein nicht unerheblicher Nebeneffekt.

> Mithilfe der Millivital Micro-Fermentation lassen sich fermentierte Lebensmittel schnell, einfach und abwechslungsreich in den Alltag integrieren.

Schnell - Einfach

Die Vorteile der neuen Millivital Micro-Fermentation in der Übersicht

1) Sie ist schnell

Traditionelle Fermentationstechniken benötigen in der Regel Wochen und Monate, bis sie abgeschlossen sind. Die neue Methode der Millivital Micro-Fermentation benötigt dagegen durch die Zugabe des Fermentations-Beschleunigers in der Regel nur 12 Stunden bis fünf Tage. Ein Sauerkraut benötigt so nur rund ein Zehntel der Fermentierzeit.

2) Sie ist einfach

Während die klassischen Fermentationsmethoden viel Übung, Wissen und Geduld erfordern, schließlich sieht man das Ergebnis häufig erst nach Wochen oder Monaten, ist es mit dem Micro-Fermentationsprinzip jedem möglich, schnell positive Ergebnisse zu erzielen und zu genießen.

3) Sie ist sicher

Der Millivital-Micro-Fermentations-Beschleuniger enthält eine ausgewählte Mischung verschiedener Reinzucht-Zellkulturen, welche den Fermentationsprozess kontrollieren und unerwünschte Nebenprodukte ausschließen.

4) Sie ist gesund

Sie liefert unserem Körper eine Vielzahl verschiedener Probiotika und unterstützt so das menschliche Mikrobiom und damit beispielsweise die Verdauung oder das Immunsystem und wirkt Entzündungen entgegen.

5) Sie beruht auf den Erfahrungen der Vergangenheit sowie neuesten ernährungswissenschaftlichen Erkenntnissen

In Publikationen werden häufig viele verschiedene Arten erläutert, wie eine Fermentation idealerweise gestaltet werden sollte. Viele der Ratschläge basieren jedoch eher auf Erfahrungen als auf wissenschaftlichen Erkenntnissen oder Forschungen. Die Millivital Micro-Fermentation verbindet das Wissen der Vergangenheit mit dem neuesten ernährungswissenschaftlichen Know-how der Gegenwart und verbindet so das Beste aus zwei Welten.

Achtung Erhitzung

Die Millivital Micro-Fermentation führt unter anderem zu einer Vervielfachung von wertvollen Mikroorganismen. Diese üben insbesondere in unserem Darm vielfältige Funktionen aus und sind in ihrer Bedeutung für unsere allgemeine Gesundheit kaum zu unterschätzen. Sie sind jedoch äußerst hitzeanfällig. Wenn möglich, sollte man daher nach Beendigung der Fermentation auf ein anschließendes Erhitzen verzichten. Eine Ausnahme davon ist z.B. die Zubereitung von Reis, da sich hier eine Fermentation vor dem Kochen zur Reduzierung des Arsengehalts empfiehlt. Anders verhält es sich auch naturgemäß beim Backen von Brot oder Fladen. Hier steht jedoch auch primär die Neutralisierung der Antinährstoffe mithilfe der Fermentation im Vordergrund.

Allgemeine Ernährungsregeln

Bevor wir gleich in die Rezepte einsteigen, möchten wir Ihnen noch einige allgemeine Regeln für eine gesunde Ernährung an die Hand geben, die sich in der klinischen Praxis als besonders wertvoll erwiesen haben.

Regel 1: Meiden Sie Zucker.

Denken Sie dabei auch an all die versteckten Fallen in Fertigprodukts, Fast Food und vielen weiteren verarbeiteten Alltagsnahrungsmitteln. Ein Blick in die Zutatenliste sowie die Nährwerte ist oft überraschend, denn viele salzige Produkte enthalten ebenfalls teils signifikante Mengen an Zucker.

Regel 2: Seien Sie sparsam mit Getreide und verwenden Sie es nur in fermentierter Form.

Wenn Sie Getreide verzehren, vermeiden Sie möglichst Weizen. Für Brot, Pizza, Pasta und Co. gibt es inzwischen viele leckere Rezepte auf fermentierter Basis.

Regel 3: Integrieren Sie täglich fermentierte Lebensmittel in Ihren Speiseplan.

Ihr Körper wird es Ihnen in vielfältiger Weise danken.

Regel 4: Sorgen Sie dafür, dass Pflanzen den Hauptbestandteil Ihrer täglichen Nahrung ausmachen.

Mit einem hohen Anteil an Gemüse, Obst, Kräutern und Nüssen in Ihrer Nahrung, sorgen Sie stets für einen optimalen Nachschub an verschiedensten Mikronährstoffen, Mineralien, Ballaststoffen und Proteinen.

Regel 5: Machen Sie Ihren Teller so bunt und viefältig wie möglich.

In unserer Ernährung hat die Kombination verschiedener Gemüse- und Obstsorten sowie Kräutern vielerlei positive Effekte. Ihre natürlichen „Farbstoffe" bestehen aus sekundären Pflanzenstoffen und beinhalten tausende aktiver Inhaltsstoffe, die sich synergistisch zugunsten unseres Körpers verhalten. Vergessen Sie nicht die wichtigste Farbe der guten Nahrungsmittel: Grün!

Regel 6: Kombinieren Sie in einer Hauptmahlzeit mindestens fünf rohe oder micro-fermentierte Nahrungsmittel.

Die Food Synergy lebt von der Vielfalt unserer Ernährung. Machen Sie es sich daher zum Ziel, bei jeder Mahlzeit mindestens 5 verschiedene vollwertige Nahrungsmittel zu kombinieren.

Regel 7: Essen Sie zwischen 5 und 10 Handvoll Frisches am Tag.

Die bisherige Empfehlung der Weltgesundheitsorganisation von fünf Handvoll Frischem, wie Gemüse und Obst, am Tag, reicht nach Meinung vieler Experten bereits seit längerer Zeit nicht mehr aus. Inzwischen werden 5 bis 10 pro Tag empfohlen.

Regel 8: Essen Sie nur vollwertige Lebensmittel.

Essen Sie möglichst ganze Lebensmittel. Die Ausnahme sind kernreiche Obst und Gemüsesorten, denn in deren Schale befinden sich viele Lektine. Schälen Sie also den Apfel und die Gurke. Um an all die wertvollen anderen sekundären Pflanzenstoffe zu kommen können Sie diese jedoch fermentiert geniessen.

Regel 9: Meiden Sie Milchprodukte, vor allem homogenisierte und pasteurisierte Milch.

Milch ist spezifisch für jedes Säugetier und bestens geeignet, um in der Stillzeit, und nur dann, möglichst gut ein schnelles Wachstum zu fördern. Eine Ausnahme ist selbst zubereiteter Joghurt, Kefir oder mindestens 12 Monate lang gereifter Käse.

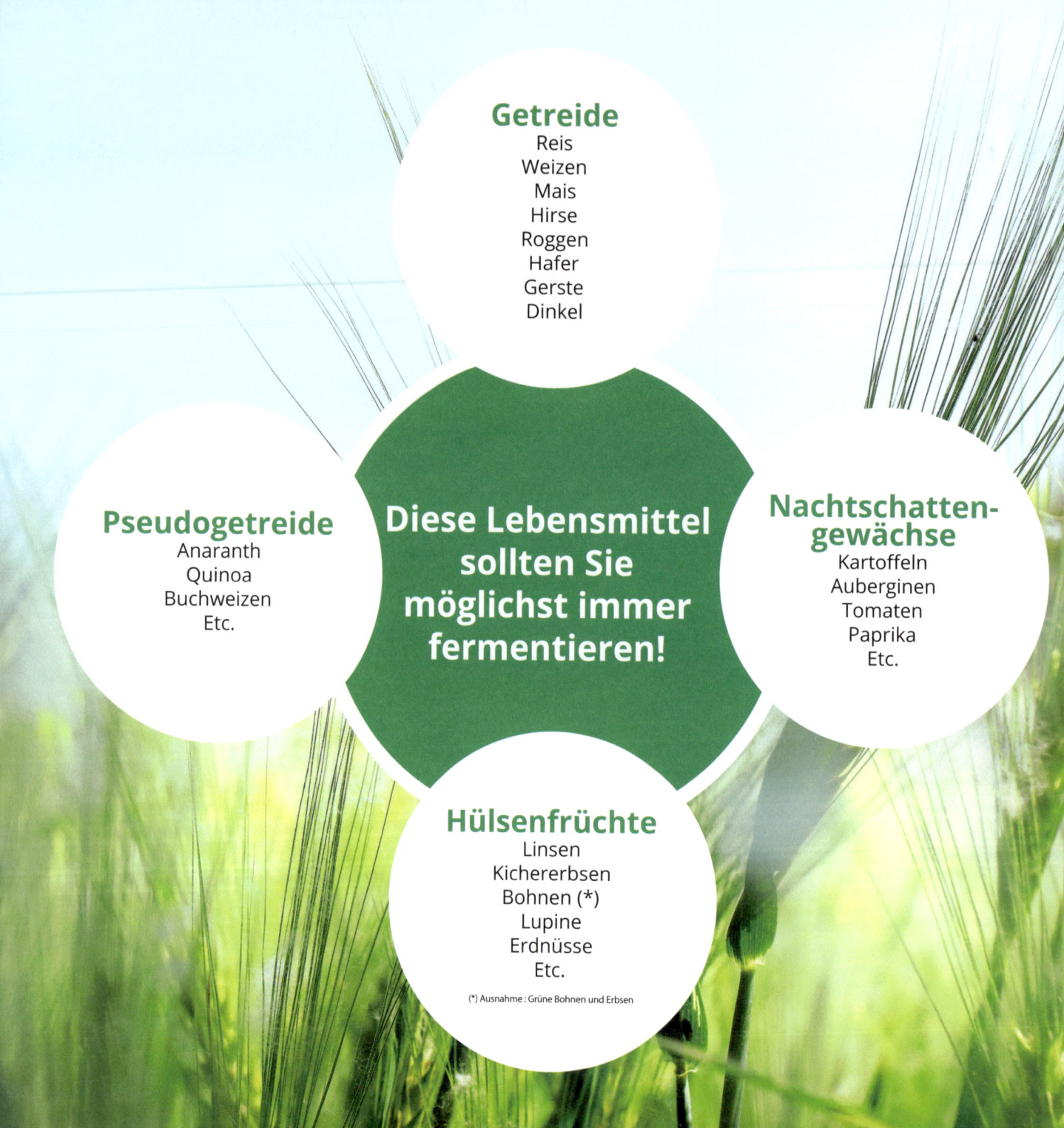

Getreide
Reis
Weizen
Mais
Hirse
Roggen
Hafer
Gerste
Dinkel

Pseudogetreide
Anaranth
Quinoa
Buchweizen
Etc.

Diese Lebensmittel sollten Sie möglichst immer fermentieren!

Nachtschatten-gewächse
Kartoffeln
Auberginen
Tomaten
Paprika
Etc.

Hülsenfrüchte
Linsen
Kichererbsen
Bohnen (*)
Lupine
Erdnüsse
Etc.

(*) Ausnahme : Grüne Bohnen und Erbsen

Rezepte für micro-fermentierte Lebensmittel – Einleitung

Wir glauben, dass das Leben jedes Einzelnen verbessert werden kann, indem mehr selbst gemachte Probiotika aus fermentierten Lebensmitteln regelmäßig in die Ernährung integriert werden. Lebensmittel selbst zu fermentieren ist in der Praxis zum Glück einfacher als man zunächst meinen könnte. Viele unserer Rezepte basieren auf seit Generationen überlieferten Rezepten, die wir auf die Methode der Micro-Fermentation angepasst haben. Die folgenden Rezepte bieten fermentierte Erfrischungen ebenso, wie Rezepte für das Frühstück, Mittag- oder Abendessen. Gerade Rezepte wie micro-fermentierte Säfte oder Smoothies eignen sich perfekt als Einstieg und liefern schnell überzeugende Ergebnisse. Für viele Rezepte wie beispielsweise Sauerteig genügt schon eine Schüssel aus Glas oder Porzellan, Wasser, etwas Frischhaltefolie (www.prodana.de/bio-frisch-haltefolie-aus-nachwachsenden-rohstoffen) zur Abdeckung und eine Millivital Micro-Fermentations-Starterkultur oder ein Micro-Fermentations-Beschleuniger. Andere Rezepte, die etwas länger fermentiert werden, benötigen in der Regel ein spezielles Fermentationsglas, um eine sauerstofffreie Umgebung für die Fermentation sicherzustellen. Was Sie für die Rezepte benötigen und wie lange die Fermentation braucht, ist in den Rezepten angegeben.

Die Mengenangaben in den Rezepten sind auf 2 Personen ausgelegt. Um die Rezepte schnell einordnen zu können, ist neben der Zubereitungs- und Fermentationszeit auch das benötigte Zubehör angegeben.

Wir wünschen Ihnen viel Spaß beim Ausprobieren und gute Energien mit der micro-fermentierten Nahrung im Alltag. Guten Appetit!

Haben Sie Feedback, eigene Rezepte, Fotos oder Anregungen für uns, mailen Sie uns gerne unter folgender E-Mail-Adresse:
dialog@millivital.de

Was Sie für die Micro-Fermentation benötigen

Um mit einer Micro-Fermentation starten zu können, benötigen Sie nur sehr wenig. Im Wesentlichen sind dies:

- Millivital Micro-Fermentations-Beschleuniger.

- Für eine kurze Fermentation von 12 Stunden bis zu einem Tag genügt meist schon eine normale Schüssel aus Glas oder Steingut. Für Rezepte die länger fermentieren oder empfindlich auf Sauerstoff reagieren, empfehlen wir die Verwendung eines Millivital Micro-Fermentationsglases mit Fermentations-Membran und Glasgewicht für eine sauerstofffreie Umgebung. Was für ein Behältnis Sie benötigen, ist in den Rezepten jeweils angegeben.

- Von Ihnen ausgewählte Zutaten.

Für den Fall, dass Sie an Allergien oder unter einer Histaminunverträglichkeit leiden, haben wir das Produkt Millivital Hista-Protect entwickelt. Es enthält keine histaminbildenden Milchsäurebakterien und hilft sogar Histamin abzubauen. Es ist in den Rezepten analog zu den Standard Micro-Fermentations-Beschleunigern oder -Starterkulturen zu verwenden.

ichkeiten

Allgemeine Anleitung für die Micro-Fermentation

Im Folgenden möchten wir Ihnen einige Grundprinzipien für eine erfolgreiche Micro-Fermentation erläutern.

1. Mischen von mind. 5 natürlichen, biologischen Nahrungsmitteln

Je vielfältiger unsere Nahrung zusammengestellt ist, desto mehr verschiedene sekundäre Pflanzenstoffe, Vitamine und Mineralien nehmen wir auf. Wie wichtig dies für uns ist, hat die Food Synergy-Forschung der letzten Jahrzehnte gezeigt. Denn häufig kommt es zu positiven Wechselwirkungen und gegenseitigen Verstärkungen zwischen Lebensmitteln. Die Vielfalt an frischen Lebensmitteln ist dabei deutlich wichtiger als die Menge. Wir empfehlen daher immer mindestens fünf verschiedene natürliche Lebensmittel zu kombinieren. Dies können verschiedene Obstsorten oder verschiedene Gemüse und Kräuter sein.

Biologische Lebensmittel sind für eine gute Fermentation von Vorteil. Denn sie enthalten in sich und auf ihrer Oberfläche in der Regel deutlich mehr Mikroorganismen, die bei konventionellem Anbau durch Herbizide und Fungizide meist vernichtet werden. So bieten sie mehr Potenzial für eine schnelle, gute Fermentation. Außerdem bedeuten weniger Mikroorganismen immer auch weniger Mikronährstoffe im Nahrungsmittel selbst, da diese für deren Produktion verantwortlich sind.

Dies gilt nicht für Getreide und Hülsenfrüchte, da hier die Neutralisierung von Antinährstoffen im Vordergrund steht.

2. Das richtige Behältnis für eine Micro-Fermentation

Nach einigem Experimentieren mit den verschiedensten Fermentationsbehältern, haben wir ein Glas designt, das speziell auf die Bedürfnisse der Micro-Fermentation abgestimmt ist.

Die Besonderheiten des Millivital Micro-Fermentationsglases sind:

Eine kleine Behältergröße von 1 Liter. Niemand mag mehr heute kiloweise Sauerkraut einlegen und dann den ganzen Winter lang essen. Geschweige denn wochenlang darauf warten, bis es fertig ist und davor regelmäßig die Fermentation überwachen. Kleine Mengen sind für unsere Zwecke heutzutage einfach praktischer und erlauben eine Abwechslung von verschiedensten fermentierten Lebensmitteln.

Laktobazillen benötigen eine sauerstofffreie Umgebung um sich wohlzufühlen und vermehren zu können. Dies ist in den ersten drei bis fünf Tagen der Micro-Fermentation besonders wichtig. Auch verderben Lebensmittel deutlich schneller, wenn sie mit Sauerstoff in Kontakt kommen. Dies ist am besten zu garantieren, indem das Nahrungsmittel in einem geschlossenen Behälter komplett mit Wasser bedeckt wird und nur wenig Platz zwischen Deckel und Wasser bleibt. Im Laufe der Gärung entsteht jedoch auch Kohlendioxid. Das Glas muss daher auch gezielt das Gas entweichen lassen, ansonsten würde es platzen. Das Micro-Fermentationsglas von Millivital wurde für diesen Zweck extra mit einer **Fermentations-Membran** ausgestattet. Sie lässt das Kohlendioxid kontrolliert entweichen, aber keinen Sauerstoff eindringen.

In vielen Büchern wird immer noch empfohlen, den Deckel gelegentlich anzuheben und nachzusehen, ob das Nahrungsmittel schon fertig fermentiert ist. Bei Rezepten mit längerer Fermentationszeit raten wir vor allem in den ersten vier Tagen dringend davon ab, da es essenziell ist, dass sich die Mikroorganismen in dieser Phase komplett ohne Sauerstoff gut entwickeln können. Manche Lebensmittel schwimmen im Wasser auf. Dies kann im Kontakt mit Sauerstoff mit der Zeit zu einem Verderben des Lebensmittels führen. Damit die Lebensmittel nicht an die Oberfläche schwimmen und damit Kontakt mit Sauerstoff bekommen, können sie mit dem zugehörigen **Glasgewicht** am Aufschwimmen gehindert werden.

Tipp:
Gerade wenn Sie gleichzeitig mehrere Lebensmittel fermentieren, verliert man schnell den Überblick, wann man mit welchem Behälter gestartet hat. Vermerken Sie daher den Starttag auf dem Behälter, um den Überblick zu behalten. Nutzen Sie eventuell auch Timer, um sich daran erinnern zu lassen, wann die Fermentation abgeschlossen sein wird.

3. Zugabe des Millivital Micro-Fermentations-Beschleunigers

Der Millivital Micro-Fermentations-Beschleuniger ist der eigentliche Clou der Micro-Fermentation. Der Beschleuniger enthält eine sorgfältig ausgewählte Mischung verschiedener Laktobazillen und Bifidobakterien. Diese spezielle Mischung sorgt dafür, dass die Fermentation deutlich schneller in Gang kommt und abgeschlossen ist, als dies bei traditionellen Fermentations-Methoden der Fall wäre.

Für den Fall, dass Sie an Allergien oder unter einer Histaminunverträglichkeit leiden, haben wir das Produkt Millivital Hista-Protect entwickelt. Es enthält keine histaminbildenden Milchsäurebakterien und hilft sogar Histamin abzubauen. Es ist in den Rezepten analog zu dem Standard Micro-Fermentations-Beschleuniger zu verwenden.

Mithilfe eines Fermentationsbeschleunigers sind milchsauer vergorene Smoothies über Nacht, Sauerkraut in vier Tagen, bekömmliches Sauerteigbrot und viele weitere Anwendungen möglich.

4. Futter für die Bakterien

Damit sich die Kulturen gut entwickeln können, benötigen sie ausreichend Nahrung. Bei Lebensmitteln mit wenig Zucker ist dies nicht immer ausreichend der Fall. Deshalb empfiehlt es sich immer etwas Nahrung für die Kulturen beizugeben. Besonders geeignet sind sogenannte Präbiotika in Form von etwas Haferflocken, Knoblauch, Zwiebeln, Artischocken oder Topinambur.

5. Ein wenig Zeit

Wenn alles so weit vorbereitet ist, müssen Sie noch etwas warten. Im Falle von Smoothies reicht eine Nacht. Bei stückigem Gemüse vergehen rund 3 bis 5 Tage.

6. Die richtige Temperatur

Laktobazillen mögen keine niedrigen Temperaturen. Eine Fermentation kann daher im Kühlschrank nicht funktionieren. Sie fühlen sich erst ab einer Zimmertemperatur von rund 22 °C wohl. Noch besser ist eine Temperatur bis 28 °C. Diese lässt sich am einfachsten in einem Backofen herstellen, indem man die Backofenbeleuchtung einschaltet (ohne Aktivieren der eigentlichen Heizfunktion!).

TIPP: Wertvolles Fermentwasser kann getrunken werden

Im Fall von Gemüse kann neben dem Lebensmittel selbst auch das zur Fermentierung verwendete Wasser getrunken werden. Denn es ist voller wertvoller Mikroorganismen. Wenn Sie nicht alles auf einmal trinken möchten, kann der Rest in einem gut verschließbaren Gefäß aus Glas oder Keramik ein paar Tage im Kühlschrank aufbewahrt werden. ●

Micro-fermentierte Getränke

Micro-fermentierte Säfte und Smoothies eignen sich besonders gut als gesunder Start in den Tag, da sie schon am Vorabend vorbereitet werden und am Folgetag direkt getrunken werden können. Wir empfehlen mindestens fünf verschiedene Sorten Obst und Gemüse zu verarbeiten. So erhöht sich die Aufnahme der Inhaltsstoffe synergistisch. Verwenden Sie dabei möglichst ein 80:20 Mengenverhältnis von Gemüse zu Obst. Immer mit dabei sein sollten Bio-Wurzelgemüse wie beispielsweise Rote Bete oder Karotten und etwas Ingwer, da dieser die Aufnahme der Inhaltsstoffe steigert. Ebenso ist es empfehlenswert, immer etwas Grünes hinzuzugeben. Wenn Ihnen einmal die Zeit fehlen sollte, einen Saft oder Smoothie frisch zuzubereiten, können Sie einen gekauften Saft oder Smoothie als Basis verwenden.

Wenn Sie noch keine Erfahrung mit der Zubereitung von Smoothies haben und Ihnen auch ein Hochleistungsmixer mit hoher Drehzahl fehlt, so können Sie für den Anfang auch einen Pürierstab oder einen Mixer verwenden, den sie eventuell bereits besitzen. Wenn Ihnen die Konsistenz noch nicht fein genug sein sollte, können Sie die Flüssigkeit auch vor dem Verzehr noch durch ein feines Sieb geben. Wenn Sie Gefallen an Smoothies gefunden haben, empfiehlt sich die Anschaffung eines hochwertigen Mixers. Diese haben, im Vergleich zu einfachen Mixern, eine deutlich höhere Drehzahl des Messerblocks sowie einen eckigen Mixbecher. Bei einer Drehzahl von 20.000 bis 25.000 Umdrehungen pro Minute werden die Zellwände der Zutaten aufgebrochen und die Fasern so zerkleinert, dass eine sehr homogene Masse ohne Stückchen entsteht. Ein weiterer Vorteil ist, dass die Nährstoffe hierdurch dem Körper besser zugänglich gemacht werden.

Oder Sie geben das Obst und Gemüse in einen Entsafter. Hier gibt es zwei grundlegende Arten von Entsaftern. Modelle mit hoher Drehzahl, die über die Zentrifugalkraft den Saft „herausschleudern" und Modelle mit niedriger Drehzahl, bei denen die Zutaten langsam mittels einer Schnecke durch ein feines Sieb gedrückt werden, sogenannte Slow Juicer. Da die Zutaten bei Slow Juicern etwas weniger erhitzt werden und mehr Ballaststoffe im Getränk bleiben, ziehen wir diese Modelle den herkömmlichen Entsaftern vor.

Micro-fermentierte Säfte

Allgemeine Anleitung:

1. **Alle Zutaten klein geschnitten in einem Slow Juicer oder Entsafter entsaften.**

2. **Den fertigen Saft in das Micro-Fermentationsglas umfüllen.**

3. **1/2 Teelöffel Haferflocken in einem Mörser zerreiben und dazugeben.**

4. **2 Messlöffel Micro-Fermentations-Beschleuniger in das Glas dazugeben und mit einem Holzlöffel gut umrühren.**

5. **Glas mit dem Membraneinsatz verschließen.**

6. **Bei Zimmertemperatur (min. 22 °C) ca. 12 Stunden micro-fermentieren.**

Tipp: In Zeiten erhöhter Anstrengung können Sie für eine noch größere synergistische Wirkungeinen Esslöffel Millivital Milli Immun dazugeben.

für den Tag

Der micro-fermentierte Saft kann direkt getrunken oder im Kühlschrank bis zu zwei Tage lang gelagert werden. Praktisch ist es auch, ihn in eine Thermoskanne umzufüllen und über den Tag verteilt zu genießen. Dann haben Sie schon einmal eine gute Grundlage, um die Herausforderungen des Tages zu meistern.

Je nach Verfügbarkeit und Jahreszeit können Sie die folgenden Rezepte nach Lust und persönlichem Geschmack variieren. ●

Mit fermentierten Säften und Smoothies frisch in den Tag starten.

Energyboost

Zubereitungszeit: 15 Minuten
Micro-Fermentationszeit: 12 Stunden
Benötigtes Zubehör: Micro-Fermentationsglas mit Membran,
Slow Juicer oder Entsafter

Zutaten:
10 Karotten
4 Äpfel
1 Birne
1 Stück Ingwer
Saft einer Zitrone
1/2 TL Haferflocken
2 Messlöffel Micro-Fermentations-Beschleuniger

Beerenzauber

Zubereitungszeit: 15 Minuten
Micro-Fermentationszeit: 12 Stunden
Benötigtes Zubehör: Micro-Fermentationsglas mit Membran,
Slow Juicer oder Entsafter

Zutaten:
2 Rote Bete
1/2 Gurke
2 Tassen Heidelbeeren
2 Tassen Himbeeren
2 Äpfel
1/2 TL Haferflocken
2 Messlöffel Micro-Fermentations-Beschleuniger

Immunboost

Zubereitungszeit: 15 Minuten
Micro-Fermentationszeit: 12 Stunden
Benötigtes Zubehör: Micro-Fermentationsglas mit Membran, Slow Juicer oder Entsafter

Zutaten:
4 Orangen
Saft einer Zitrone
2 Äpfel
2 Karotten
1 Stück Ingwer
1/2 TL Haferflocken
2 Messlöffel Micro-Fermentations-Beschleuniger

Detox

Zubereitungszeit: 15 Minuten
Micro-Fermentationszeit: 12 Stunden
Benötigtes Zubehör: Micro-Fermentationsglas mit Membran, Slow Juicer oder Entsafter

Zutaten:
1/2 Gurke
4 Stangen Staudensellerie
2 Äpfel
2 Tomaten
Saft einer Zitrone
1/2 TL Haferflocken
2 Messlöffel Micro-Fermentationsbeschleuniger

Micro-fermentierte Smoothies

Allgemeine Anleitung:

1) Alle Zutaten kleingeschnitten in einen Mixer geben, 1/2 Teelöffel Haferflocken dazugeben.
2) So lange mixen, bis der Smoothie eine gleichmäßige Konsistenz hat.
3) 2 Messlöffel Micro-Fermentations-Beschleuniger dazugeben und bei niedriger Drehzahl kurz vermischen.
4) Den fertigen Smoothie in das Micro-Fermentationsglas umfüllen.
5) Glas mit dem Membraneinsatz verschließen.
6) Bei Zimmertemperatur (min. 22 °C) ca. 12 Stunden micro-fermentieren.

Tipp: In Zeiten erhöhter Anstrengung können Sie für eine noch größere synergistische Wirkung einen Esslöffel Millivital Milli Immun dazugeben.

Je nach Verfügbarkeit und Jahreszeit können Sie die folgenden Rezepte nach Lust und persönlichem Geschmack variieren.

Der micro-fermentierte Smoothie kann direkt getrunken oder im Kühlschrank bis zu 2 Tage lang gelagert werden. Praktisch ist es auch ihn in eine Thermoskanne abzufüllen und über den Tag verteilt zu genießen. Dann haben Sie schon einmal eine gute Grundlage, um die Herausforderungen des Tages zu meistern.

Gemüse sollte immer die Basis eines jeden Smoothies oder Saftes sein.

Happy Day

Zubereitungszeit: 15 Minuten
Micro-Fermentationszeit: 12 Stunden
Benötigtes Zubehör: Micro-Fermentationsglas mit Membran, Mixer

Zutaten:
2 Handvoll Salat
1/2 Gurke
1 Rote Bete
3 Karotten
3 kleine Äpfel
1 Stück Ingwer
Saft einer 1/2 Zitrone
1/2 TL Haferflocken
300 ml Wasser
2 Messlöffel Micro-Fermentations-Beschleuniger

Green Heaven

Zubereitungszeit: 15 Minuten
Micro-Fermentationszeit: 12 Stunden
Benötigtes Zubehör: Micro-Fermentationsglas mit Membran, Mixer

Zutaten:
300 g Spinat
Saft von 2 Orangen
2 Bananen
1/2 Avocado
1 Birne
1/2 TL Haferflocken
300 ml Wasser
2 Messlöffel Micro-Fermentations-Beschleuniger

Kräuterzauber

Zubereitungszeit: 15 Minuten
Micro-Fermentationszeit: 12 Stunden
Benötigtes Zubehör: Micro-Fermentationsglas mit Membran, Mixer

Zutaten:
100 g Kräuter (z. B. Spitzwegerich, Löwenzahn, Giersch, Brennnessel, o. ä.)
2 Birnen
1/2 Gurke
Saft einer 1/2 Zitrone
1/2 TL Haferflocken
400 ml Wasser
2 Messlöffel Micro-Fermentationsbeschleuniger

Green Magic

Zubereitungszeit: 15 Minuten
Micro-Fermentationszeit: 12 Stunden
Benötigtes Zubehör: Micro-Fermentationsglas mit Membran, Mixer
Zutaten:
6 Blätter roter Blattsalat
1/4 Bund frischer Basilikum
Saft einer 1/2 Zitrone
1/2 rote Zwiebel
1 Stange Staudensellerie
1/2 TL Haferflocken
2 Messlöffel Micro-Fermentations-Beschleuniger

Besondere micro-fermentierte Smoothies

Leberzauber Smoothie

Zubereitungszeit: 15 Minuten
Micro-Fermentationszeit: 12 Stunden
Benötigtes Zubehör: Micro-Fermentationsglas mit Membran, Mixer

Über die leberfördernde Wirkung von Artischocken gibt es zahlreiche Veröffentlichungen. Beispielsweise hat Dr. Kraft von der rheinischen Friedrich-Wilhelms-Universität in einer Studie die leberstärkende und gallenflussfördernde Wirkung bestätigt. Eine Studie an Mäusen zeigte, dass Löwenzahnblätter gesunde Fett-Profile (Cholesterinwerte) fördern. Darüber hinaus verringerte der Löwenzahn die Insulinresistenz und unterdrückte eine Fettansammlung in der Leber.

Zutaten:
100 g Artischockenherzen aus dem Glas oder frisch gekocht
1 Karotte
1 Rote Bete
6 Löwenzahnblätter
500 ml Wasser
30 ml Aloe Vera-Saft
Saft einer halben Zitrone
2 EL Honig
1/2 TL Haferflocken
2 Messlöffel Micro-Fermentationsbeschleuniger

Artischocken fördern aufgrund des enthaltenen Bitterstoffs Cynarin die Verdauung und Fettverbrennung.

Nierenschmeichler Smoothie

Zubereitungszeit: 15 Minuten
Micro-Fermentationszeit: 12 Stunden
Benötigtes Zubehör: Micro-Fermentationsglas mit Membran, Mixer

Brennnesseln helfen Stoffwechsel-Schlacken aus dem Körper zu entfernen, fördern die Ausscheidung über die Niere und wirken stark harntreibend. Brennnesseln hindern außerdem Kristalle vor der Steinbildung, helfen schädliche Bakterien zu beseitigen und dadurch das Risiko von Nierensteinen und Niereninfektionen zu reduzieren. Sellerie enthält spezielle Nährstoffe, welche die Nierenfunktion stimulieren. Er wirkt als natürliches Diuretikum, fördert also die Harnproduktion und hilft Toxine und schädliche Stoffe aus dem Körper zu beseitigen.

Zutaten:
1 geschälte Zitrone
2 Karotten
1 Rote Bete
800 ml Wasser
1 Stange Staudensellerie
200 g Himbeeren
50 g Blaubeeren
10 Brennnesselblätter
1/2 TL Haferflocken
2 Messlöffel Micro-Fermentations-Beschleuniger

Herzentlaster Smoothie

Zubereitungszeit: 15 Minuten
Micro-Fermentationszeit: 12 Stunden
Benötigtes Zubehör: Micro-Fermentationsglas mit Membran, Mixer

Über 200 Studien weisen auf positive Effekte von Knoblauch auf Blutfette, die Muskelschicht der Arterien und auf die Beseitigung von Gefäßablagerungen hin. Eine Studie um Professor Michael Aviram vom Technion-Israel Institute of Technology in Haifa, konnte zeigen, dass 120 ml Granatapfelsaft gemischt mit drei zerkleinerten Datteln den oxidativen Stress an den Arterienwänden um 33 Prozent und das ungesunde LDL-Cholesterin um 28 Prozent reduzieren konnte. Granatäpfel und Datteln scheinen sich in ihrer Wirkung dabei synergistisch zu verstärken.

Zutaten:
1 geschälte Zitrone
1 Rote Bete
1 frische Knoblauchzehe
120 ml Granatapfelsaft (gekaufter Saft oder frisch gepresst)
3 Datteln
1 EL gehackte Petersilie
1/2 TL Haferflocken
300 ml Wasser
2 Messlöffel Micro-Fermentations-Beschleuniger

Nervenschutz-Smoothie

Zubereitungszeit: 10 Minuten
Micro-Fermentationszeit: 12 Stunden
Benötigtes Zubehör: Micro-Fermentationsglas, Mixer

In Bananen befinden sich Aminosäuren die vom Körper direkt in das wichtige Nerven-Hormon Serotonin, einem Glückshormon, umgewandelt werden. Spinat enthält für das Nervensystem wichtige B-Vitamine und ist reich an wichtigen Nerven-Mineralstoffen wie Magnesium, Kalium und Calcium. Amaranth und Quinoa enthalten außergewöhnlich große Mengen an pflanzlichen Aminosäuren und die Mineralstoffe Eisen, Magnesium sowie Calcium und auch Tryptophan, das im Körper direkt in Serotonin umgewandelt wird. Leinöl enthält wichtige Omega 3 Fettsäuren für das Gehirn, die durch das Curcumin sogar in die wichtige DHA-Form umgewandelt werden.

Zutaten:
1/2 Avocado
1 Banane
4 EL Kokos-Joghurt
1 TL Amaranth oder Quinoa (ungekocht)
2 Handvoll Spinat
1 EL Leinöl
1 kleines Stück Curcuma
1/2 TL Haferflocken
500 ml Wasser
2 Messlöffel Micro-Fermentations-Beschleuniger

erfrischende Limona

Micro-fermentiertes „Ingwer Bier"

Selbst gebrautes Ingwerbier geht ganz einfach und ist ein tolles Do-it-yourself-Projekt. Anders als man bei dem Namen erwarten würde, ist es aber eigentlich eine alkoholfreie Limonade. Es ist bei uns zuhause ein Renner aufgrund seines fruchtigen und erfrischend kräftigen Ingwergeschmacks. Bevor es mit der Herstellung des Ginger Beers losgeht, musst man im ersten Schritt einen sogenannten „Ginger-Bug" herstellen. Das ist ein lebender Organismus, der zur Fermentierung des Ingwer-Bieres benötigt wird und ihm seinen einzigartigen Geschmack verleiht. Sie können ihn mit Hilfe des Millivital Micro-Fermentationsbeschleunigers leicht selbst herstellen. Nach ca. 3 Tagen ist er aktiv genug, um mit ihm Ginger Beer herzustellen.

Zubereitungszeit: 15 Minuten
Micro-Fermentationszeit: 6 Tage
Benötigtes Zubehör: großer Topf, 2 Millivital Micro-Fermentationsgläser (je 1 Liter) mit Membran, Reibe, metallfreies Sieb (oder Sie legen ein feines Tuch über die Glasöffnung beim Einfüllen)

Zutaten für den „Ingwer Bug":
100 g Ingwer, vorzugsweise Bio
100 g Ahornsirup
2 Messlöffel Micro-Fermentations-Beschleuniger
500 ml abgekochtes Wasser

Zutaten für das „Ingwer Bier":
100 g Ingwer, vorzugsweise Bio
500 g Ahornsirup
1 L Wasser
Saft von 2-3 frischen Zitronen

Zubereitung Ingwer Bug:
1) Das Micro-Fermentationsglas in einem Topf mit Wasser auskochen, damit es steril ist.
2) Ein Stück Ingwer ungeschält mit einem Messer fein hacken (ca. 1 EL). Zusammen mit 1 EL Ahornsirup in das Micro-Fermentationsglas geben.
3) Das abgekochte Wasser zugeben (zuvor abkühlen lassen).
4) 2 Messlöffel Micro-Fermentations-Beschleuniger dazugeben. Mit einem Holzlöffel gut umrühren.
5) Das Glas mit der Membran verschließen und bei Zimmertemperatur lagern.
6) Sobald sich Bläschen zwischen den Ingwer-Stückchen bilden, wird es Zeit wieder 1 EL gehackten Ingwer und 1 EL Ahornsirup nachzulegen. Inhalt kurz schwenken. Dies an den folgenden Tagen wiederholen. Gefüttert wird solange, bis man dem Bug beim blubbern zuschauen kann, d.h. bis alle 5-10 Sekunden ein Bläschen an die Oberfläche steigt. Das dauert ca. 2-3 Tage.

Zubereitung Ingwer Bier:
1) Ingwer ungeschält mit einer groben Reibe reiben.
2) Zusammen mit dem Ahornsirup und dem Wasser in einen Topf geben, verrühren und aufkochen. 15 Minuten einkochen.
3) Den Topf vom Herd nehmen, Zitronensaft dazugeben und 15 Minuten ziehen lassen.
4) 1 Liter möglichst kaltes Wasser und den Ingwerbug dazugeben und unterrühren.
5) Das fertige Ingwer Bier durch das Sieb gießen. In die Micro-Fermentationsgläser umfüllen und an einen warmen Ort zur Fermentierung stellen.
6) Nach 3 Tagen ist der typische Ginger Beer Geschmack da, den Sie intensivieren oder abschwächen können, indem Sie die Fermentationszeit verlängern oder verkürzen.

Das fertige Getränk im Kühlschrank lagern und zeitnah konsumieren.

viel mehr als ein

Brennnessel-Smoothie

Brennnesseln schmecken nicht nur gut, sondern man kann fast spüren, wie gut sie einem tun. Prinzipiell können wir für die Nutzung die Blätter, die Blüten, den Stamm, die Samen und auch die Wurzel verwenden. Die Pflanzen wachsen mit ungehinderter Begeisterung (wie alle Gärtner wissen) bis in den Frühling und Sommer hinein. Wenn Sie Brennnesseln sammeln möchten, dann ist März und April die beste Erntezeit. Wählen Sie nur die Spitzen – die ersten vier oder sechs Blätter an jedem Speer – und Sie erhalten das Beste der Pflanze. Sie können jedoch auch noch im Spätsommer und Herbst nach Brennnesseln Ausschau halten, da sie sich dann bereits oft schon wieder selbst ausgesamt und vermehrt haben. Die Wurzeln können Sie immer verwenden und auch die Samen sind eine sehr eiweißreiche und aromatische Ergänzung des Speiseplans.

Die Brennnessel ist bereits seit Jahrhunderten ein fixer Bestandteil vieler Hausapotheken und die moderne Wissenschaft bringt immer neue sensationelle Wirkungen dieser einzigartigen Pflanze ans Tageslicht. Im Sinne der Food Synergy wirken dabei viele enthaltene Inhaltsstoffe zusammen. Neben verschiedenen Spurenelementen wie Kalium, Zink und Eisen enthalten Brennnesseln noch wichtige Wirkstoffe wie Vitamin B1, C und A , Quercetin, Kampferol, Ameisensäure, Kieselsäure, Serotonin, Scopoletin und Beta-Sitosterol.

Brennnesseln gedeihen gut in stickstoffreichen Böden, blühen zwischen Juni und September und erreichen eine Höhe von 60 Zentimetern bis 1,5 Meter. Die Stiele sind aufrecht und starr. Die Blätter sind herzförmig, fein gezahnt und an den Enden verjüngt. Die Blüten sind gelb oder rosa. Die gesamte Pflanze ist mit winzigen steifen Haaren bedeckt, meist an der Unterseite der Blätter und des Stiels, die bei Berührung stechende Chemikalien freisetzen. Histamin, Serotonin und Cholin auf den Haaren der Blätter und Stängel ist für die hautreizenden Eigenschaften verantwortlich.

kraut

So pflücken und verarbeiten Sie Brennnesseln sicher:

1) Tragen Sie Handschuhe, wenn Sie nach Brennnesseln suchen.

2) Brennnesseln trocknen – sobald die Blätter und „Nadeln" verwelkt sind, stechen sie nicht mehr. Das ist eine großartige Möglichkeit, Kräutertees mit Brennnesseln zuzubereiten.

3) Brennnesseln kochen – sobald Sie die Blätter in Wasser gekocht haben, verursachen sie keine Schmerzen mehr. Gekochte Brennnesseln können in vielen Rezepten anstelle von gekochtem Spinat verwendet werden. Sie schmecken aber auch als frisch zubereiteter Tee sehr gut.

4) Die Brennnesseln zerdrücken – sobald die Nadeln an den Brennnesseln zerquetscht sind, stechen sie nicht mehr. Das können Sie sich zunutze machen, um Brennnesseln roh in Smoothies oder Pestos verwenden zu können.

Zutaten:
100 ml Kokosmilch
1 Handvoll Brennnesselblätter
1/2 Banane
1/4 Ananas (in Stücke geschnitten)
1/2 Gurke (geschält, entkernt und gewürfelt)
1/2 Avocado
2 Messlöffel Micro-Fermentations-Beschleuniger

Das sogenannte Gartenunkraut enthält mehr Vitamin C als Zitrusfrüchte!

Micro-fermentierte Hülsenfrüchte und Getreide

Zu den Hülsenfrüchten zählen z.B. Erbsen, Bohnen, Linsen, Kichererbsen und Sojabohnen. Gängige glutenhaltige Getreidesorten sind beispielsweise Dinkel, Roggen oder Gerste. Glutenfrei sind Getreide und Pseudogetreide wie Buchweizen, Amaranth, Quinoa, Reis oder Mais.

Hülsenfrüchte und Getreide sollten möglichst immer in fermentierter Form zu sich genommen werden, wie wir in dem dazugehörigen Kapitel erläutert haben. Die Eliminierung von Antinährstoffen und die gleichzeitig massiv gesteigerte Verfügbarkeit der enthaltenen Mikronährstoffe für unseren Körper sind revolutionäre Erkenntnisse, die unseren Vorfahren schon immer intuitiv bekannt waren.

Prinzipiell gibt es zwei Varianten der Zubereitung für Hülsenfrüchte und Getreide:

a) Zuerst in Wasser zusammen mit dem Millivital Micro-Fermentations-Beschleuniger fermentieren und danach kochen.

b) Zuerst kochen und danach in Wasser zusammen mit dem Micro-Fermentations-Beschleuniger fermentieren.

Der Vorteil der Variante „b" ist, dass wenn Sie für das Servieren die Nahrungsmittel nicht über 40 °C erwärmen, die wertvollen Mikroorganismen darin noch vorhanden sind und Ihr Darm und Ihr Organismus davon profitieren können.

Micro-fermentierte Mungobohnensuppe

Die Mungobohnensuppe ist wohl die am häufigsten zubereitete Suppe der Welt. Mungobohnen haben nachweislich sehr positive Effekte auf unsere Gesundheit. Sie sind nicht nur reich an Eiweiß (etwa 24 Prozent) und Mineralstoffen wie Kalium, Magnesium und Zink, sondern enthalten auch die Vitamine E, B1, B2, B6 und C sowie Folsäure. Durch ihre niedrige Kalorienanzahl (274 kcal / 100 g) und gleichzeitig hohen Anteil an Ballaststoffen (17 g / 100 g) sind sie ein ideales nahrhaftes Lebensmittel. In der ayurvedischen Medizin wird die Hülsenfrucht zur Entgiftung und zur Behandlung von Bluthochdruck und Diabetes eingesetzt. Gerne wird sie in Asien zum Frühstück gegessen.

Zubereitungszeit: 50 Minuten
Micro-Fermentationszeit: 12 Stunden

Benötigtes Zubehör: großes Micro-Fermentationsglas mit Membran

Zutaten:
100 g Mungobohnen
1/4 TL Kurkumapulver
5 g Ingwer durch eine Knoblauchpresse gedrückt
1 EL Kokosnussöl
1 TL frisch gemahlene oder zerstoßene Koriandersamen
1 TL frisch gemahlener oder zerstoßener Kreuzkümmel
1 Prise Salz
1 Prise frisch gemahlener Pfeffer
2 Messlöffel Micro-Fermentations-Beschleuniger

Zubereitung:

1) Bohnen waschen, in das Fermentationsglas geben und den Micro-Fermentations-Beschleuniger dazugeben. Das Glas bis zum Rand mit Wasser füllen.

2) Über Nacht (min. 12 Stunden) micro-fermentieren.

3) Wasser abgießen. 600 ml frisches Wasser und die Bohnen in einen Topf geben und zum Kochen bringen.

4) In der Zwischenzeit Kurkuma, Ingwer, Kreuzkümmel, Salz und Pfeffer zusammen mit dem Cocosöl in einer Pfanne kurz leicht erhitzen, um eine bessere Entfaltung ihres Aromas zu bewirken. Die Mischung ebenfalls in den Topf geben.

5) Auf mittlerer Hitze ohne Deckel 30 bis 40 Minuten köcheln lassen, bis die Bohnen weich sind. Gelegentlich umrühren.

6) Servieren und genießen.

Leckere micro-fermentierte Bohnen-Burger

Dieses leckere vegane Burger-Rezept ist nicht nur einfach zubereitet, sondern auch glutenfrei, sojafrei und perfekt zum Grillen im Sommer! Durch die Micro-Fermentation der Burger ergibt sich ein noch nährstoffreicherer und verträglicherer Snack.

Zubereitungszeit: 40 Minuten
Micro-Fermentationszeit: 12 Stunden
Benötigtes Zubehör: Glas- oder Keramik-Schüssel

Zutaten für 4 Burger:
800 g Schwarze Bohnen aus der Dose
100 g Kichererbsenmehl
3 EL Tomatenmark
2 EL Apfelmus
2 EL Tamari Sauce (Salzarm)
1 TL Worcestersauce
5 Tropfen Chilisauce
2 EL Apfelessig
Saft einer 1/2 Zitrone
Pfeffer
Salz

Zubereitung:
1) Die Bohnen in eine Schüssel geben und mit einer Gabel grob zerdrücken.
2) Alle anderen Zutaten hinzugeben und gut mit den Händen mischen.
3) Den Micro-Fermentationsbeschleuniger hinzugeben, die Schüssel abdecken und 12 Stunden lang micro-fermentieren.
4) Aus der Burgermasse kleine Burger formen.

5) Eine Pfanne erhitzen und einige Spritzer Wasser hineinmachen.
6) Burger in die Pfanne geben.
7) Die Burger je Seite ca. 5 Minuten bei mittlerer Hitze braten. Gelegentlich wenden und dann zur Seite stellen.
8) Entweder direkt verzehren oder auf einem Grill die Burger nochmals für 1-2 Minuten je Seite grillen.

Ideal dazu
Micro-fermentierte
Burger-Buns
(Rezept Seite 150)

Micro-fermentierte Linsen, Bohnen und Kichererbsen

Hülsenfrüchte sind eine wunderbare pflanzliche Eiweißquelle. Leider haben sie jedoch oft eine ungewollte Nebenwirkung auf das Verdauungssystem in Form von Blähungen. Dies ist jedoch nicht der Fall, wenn die Hülsenfrüchte fermentiert werden. Und auch die wesentlich verbesserte Aufnahme von Mikronährstoffen von Hülsenfrüchten wie Linsen oder Bohnen rechtfertigt den etwas längeren Vorlauf. Denn durch die Fermentation werden Antinährstoffe wie die Phytinsäure, welche die Aufnahme von Mikronährstoffen blockiert, abgebaut und für den Körper schädliche Lektine deutlich reduziert.

Zubereitungszeit: 10 Minuten
Micro-Fermentationszeit: 12 Stunden
Benötigtes Zubehör: Fermentationsglas mit Membran, Fermentiergewicht

Zutaten:
500 g Linsen, Bohnen oder Kichererbsen
2 Messlöffel Micro-Fermentations-Beschleuniger

Zubereitung:
1) Die Hülsenfrüchte in einem Sieb unter fließendem Wasser waschen.
2) Nach Packungsanleitung kochen und abkühlen lassen. Alternativ können Sie auch bereits gekochte Hülsenfrüchte aus dem Supermarkt verwenden.
3) Etwas Wasser in das Fermentationsglas geben. Micro-Fermentations-Beschleuniger dazugeben und mit einem Holzlöffel verrühren.
4) Die Hülsenfrüchte in das Fermentationsglas geben.
5) Das Fermentiergewicht auf die Hülsenfrüchte legen, damit alle sie unter Wasser bleiben. Glas bis unter den Rand mit lauwarmem Wasser auffüllen.

6) Glas mit dem Membraneinsatz verschließen und bei Raumtemperatur (min. 22 °C) 12 Stunden lang micro-fermentieren.

7) Das Wasser abgießen und die Hülsenfrüchte gut mit Wasser abspülen. Fermentierte Hülsenfrüchte eigen sich angemacht perfekt als Zutat für Salate. Oder sie erwärmen sie anschließend etwas unter Wasserdampf, wenn Sie die Hülsenfrüchte lieber warm als Beilage essen möchten.

Micro-fermentierte indische Dosas-Pfannkuchen aus Linsenteig

Masala Dosa, das sind knusprige, herzhaft gefüllte Pfannkuchen aus der südindischen Küche. Das Besondere, der Teig besteht aus Reis und Linsen und wird 3 Tage lang fermentiert. Das ist nicht nur gut für unser Verdauungssystem, sondern schmeckt auch noch super lecker.

Zubereitungszeit: 20 Minuten
Micro-Fermentationszeit: 2 Tage
Benötigtes Zubehör: Glas- oder Keramik-Schüssel, Pürierstab, Frischhaltefolie aus nachwachsenden Rohstoffen

Zutaten:
150 g Linsen
200 g Basmatireis
2 TL Salz
2 Messlöffel Micro-Fermentations-Beschleuniger
Kokosöl zum Ausbacken
1/2 TL gemahlener Kreuzkümmel

Zubereitung:
1) Linsen und Reis in einem Sieb unter fließendem Wasser waschen.

Dosa ist ein Gericht der südindischen Küche. Es handelt sich um eine Art Pfannkuchen, der traditionell auf einer gusseisernen Platte zubereitet wird.

2) Etwas Wasser in das Glas geben. Micro-Fermentations-Beschleuniger dazugeben und mit einem Holzlöffel verrühren.
3) Linsen und Reis in das Fermentationsglas geben.
4) Das Fermentiergewicht darauflegen, damit sie komplett unter Wasser bleiben. Glas bis knapp unter den Rand mit lauwarmem Wasser auffüllen.
5) Das Glas verschließen und bei Raumtemperatur (min. 22 °C) 24 Stunden lang micro-fermentieren.
6) Linsen und Reis in ein Sieb geben und mit frischem Wasser abspülen.
7) Linsen und Reis zusammen mit dem Kreuzkümmel, Salz und knapp 500 ml frischem Wasser in die Schüssel geben und mit einem Pürierstab zu einem feinen Teig pürieren. Die Schüssel mit Frischhaltefolie aus nachwachsenden Rohstoffen abdecken und ca. 12 Stunden bei Zimmer temperatur weiter micro-fermentieren.
8) In einer Pfanne etwas Öl erhitzen und darin in kleinen Fladen bei niedriger Temperatur 10 Minuten je Seite ausbacken.

Achtung: Hier ist Geduld gefragt, da die Fladen recht lange brauchen, um zu binden. Lecker dazu sind frische Salate, Dips oder vegetarische Aufstriche.

Micro-fermentierte Falafel

Kichererbsen sind weit mehr als unscheinbare Hülsenfrüchte mit einem komischen Namen. Aus ihnen lassen sich beispielsweise Köstlichkeiten wie Falafel oder Humus zaubern. Kichererbsen wirken sich äußerst positiv auf die Verdauung, das Herz-Kreislaufsystem und den Blutzuckerspiegel aus. Seit etwa 8.000 werden die kleinen Nährstoffbomben gerne verzehrt, denn in ihnen stecken jede Menge Proteine, Mineralstoffe und Spurenelemente. Sie sind reich an B-Vitaminen und Ballaststoffen und damit besonders für Veganer, Gesundheits- und Figurbewusste eine prima Wahl. Da auch Kichererbsen wegen ihren Antinährstoffen fermentiert werden sollten, hier ein leckeres Rezept für einen wunderbaren Falafel-Teig.

Zubereitungszeit: 20 Minuten
Micro-Fermentationszeit: 12 Stunden
Benötigtes Zubehör: Glasschüssel, Mixer oder Pürierstab, Frischhaltefolie aus nachwachsenden Rohstoffen

Zutaten:
1 TL Kreuzkümmelsamen
1/2 TL Schwarzkümmel Samen
1/2 TL Paprikapulver
1 Prise Chili
1/2 TL Salz
2-3 Zehen Knoblauch
Saft einer Zitrone
1/2 Bund frische Petersilie
1/2 Bund frischer Koriander
250 g gekochte Kichererbsen
1 EL Sesammus (Tahini)
4 EL Kichererbsenmehl
2 EL Olivenöl
2 Messlöffel Micro-Fermentation-Beschleuniger

Zubereitung:
1) Kreuzkümmel, Schwarzkümmel, Paprika, Chili und Salz kurz in Olivenöl anrösten damit die Gewürze ihr volles Aroma entfalten.
2) Knoblauch schälen und zusammen mit Zitronensaft, Petersilie und Koriander in einem Mixer zerkleinern und in die Schüssel geben.
3) Kichererbsen, Tahini, Kichererbsenmehl und Öl hinzugeben.

4) Micro-Fermentations-Beschleuniger dazugeben und mit einem Holzlöffel alles gut verrühren.
5) Die Schüssel mit Frischhaltefolie aus nachwachsenden Rohstoffen abdecken und 12 Stunden bei Zimmertemperatur (min. 22 °C) micro-fermentieren.
6) Mit feuchten Händen gleichmäßig geformte Falafelbällchen formen und in einer Pfanne mit Kokosfett ausbraten. Z.B. zusammen mit frischem Salat servieren.

Micro-fermentierter Reis

Machen Sie Reis durch eine Micro-Fermentation zu einem richtigen Power-food. Denn durch die Eliminierung von Antinährstoffen kann, wie Studien zeigen, eine bis zu 1.000-fach höhere Menge an Mikronährstoffen aufgenommen werden. Reis zu fermentieren ist übrigens die klassische Methode in Asien Reis zuzubereiten. Er wurde früher nie direkt verzehrt, sondern immer zunächst über Nacht fermentiert.

Reis ist inzwischen leider häufig mit Arsen belastet. Dieses wird durch die Micro-Fermentation aus dem Reis herausgelöst. Es ist daher empfehlenswert, das Wasser, das zur Fermentierung verwendet wird, wegzuschütten und für das anschließende Kochen frisches Wasser zu verwenden. Durch die vorherige Fermentation und das Abgießen des Wassers, reduzieren Sie die Arsenbelastung um bis zu 75 Prozent! So hat man einen deutlich weniger belasteten Reis als ohne Micro-Fermentation.

Zubereitungszeit: 20 Minuten
Micro-Fermentationszeit: 12 Stunden
Benötigtes Zubehör: Keramik- oder Glasschüssel, Frischhaltefolie

Zutaten:
200 g Reis (ca. 1 Teetasse)
2 Messlöffel Micro-Fermentations-Beschleuniger

Zubereitung:
1) Reis in eine Schüssel geben.
2) Die Schüssel mit lauwarmem Wasser auffüllen,
   bis der Reis vollständig bedeckt ist.
3) Micro-Fermentations-Beschleuniger
   dazugeben und mit Holzlöffel gut umrühren.
   4) Decken Sie die Schüssel mit Frischhaltefolie aus nachwachsenden
   Rohstoffen luftdicht ab.
   5) Stellen Sie die Schüssel an einen warmen
   Platz (min. 22 °C). Wir empfehlen als Ort
   den ausgeschalteten Ofen mit angeschaltetem
   Licht (ohne Heizfunktion). Den Reis 12 Stunden
   micro-fermentieren.
   6) Reis in ein Sieb geben und unter fließen
   dem Wasser spülen.
   7) Reis zusammen mit 1,5 Tassen Wasser
   zum Kochen bringen und dann eine
   Minute lang kochen.
   8) Setzten Sie den Deckel auf, drehen Sie
   die Hitze ab und lassen sie nun den Reis
   im zugedeckten Topf für 20 Minuten
   ruhen. Guten Appetit.

Micro-fermentierter Porridge

Fermentierter Porridge eignet sich hervorragend als leckeres Frühstück. Er ist einfach zuzubereiten und muss, wenn man ihn fermentiert, auch nicht gekocht werden. Die Konsistenz ist am nächsten Morgen dieselbe. Doch der Nutzen durch die vervielfachten Mikronährstoffe und die guten Bakterien für den Darm sind gar nicht zu vergleichen.

Zubereitungszeit: 10 Minuten
Micro-Fermentationszeit: 12 Stunden
Benötigtes Zubehör: Micro-Fermentationsglas mit Membran

Zutaten pro Person:
Für den Haferbrei
60 g Haferflocken
200 ml Wasser
1 Messlöffel Micro-Fermentations-Beschleuniger

Zum Veredeln am nächsten Morgen:
2 EL Trockenfrüchte wie Rosinen oder Cranberrys
2 EL Kokosflocken
2 EL Mandeln
1/2 Apfel
1/2 Banane
1 EL Dattelsüße
1 TL Zimt
ca. 200 ml Pflanzenmilch (Mandel-, Reis- oder Hafermilch)

Zubereitung:
1) Wasser in das Fermentationsglas geben.
2) Micro-Fermentations-Beschleuniger dazugeben und mit einem Holzlöffel gut umrühren.

Porridge

Porridge wird in England seit jeher gerne zum Frühstück verzehrt. Aber auch bei uns kennt man ihn als Haferbrei und er erlebt als Szenegericht aktuell neuen Aufschwung.

3) Die Haferflocken dazugeben und nochmals umrühren. Glas mit dem Membraneinsatz verschließen.
4) Über Nacht bei Zimmertemperatur (min. 22 °C) micro-fermentieren.
5) Am nächsten Morgen die übrigen Zutaten in einen Mixer geben oder mit einem Pürierstab zerkleinern.
6) Die Haferflocken am Morgen durch ein nicht-metallenes Sieb abgießen und den anderen Zutaten beimengen.
7) Mit ein paar Trockenfrüchten oder Kokosflocken garnieren.

Brain Power für Kids

Wie wäre es mit einem leckeren Frühstück, welches nicht nur wichtige Nährstoffe für das Gehirn liefert, sondern auch noch den Kindern schmeckt? Wir haben das Rezept von unseren Kindern probieren lassen und es hat den Test bestanden. Chiasamen und Leinöl liefern wertvolle Omega 3 Fettsäuren und Beeren zeigten schon in vielen Studien Ihr gesundheitsförderndes Potential für Nervenzellen. Das besondere bei diesem Rezept ist ebenfalls, dass die Haferflocken über Nacht fermentiert und nicht gekocht werden, sodass gute Milchsäurebakterien den Darm fördern. Ein gut funktionierender Darm ist für ein gut funktionierendes Gehirn sehr wichtig, wie Studien belegen. So können die Kinder gestärkt in den Kindergarten oder die Schule gehen.

Zubereitungszeit: 10 Minuten
Micro-Fermentationszeit: 12 Stunden
Benötigtes Zubehör: Micro-Fermentationglas

Zutaten pro Kind:
Für den Haferbrei
60 g Haferflocken
200 ml Wasser
1 Messlöffel Micro-Fermentations-Beschleuniger

Zum Veredeln am nächsten Morgen

100 ml Pflanzenmilch
1 TL Leinöl (darf nicht nussig schmecken, da es dann schon oxidiert ist)
1 TL Chiasamen
100 g Beeren, z. B. Blaubeeren, Stachelbeeren, etc.
(können auch gefroren sein)
1/2 TL Dattelsüße
1 TL Millivital Food Synergy Booster

Zubereitung:

1) Wasser in das Fermentationsglas geben.
2) Micro-Fermentations-Beschleuniger in das Glas geben und mit einem Holzlöffel gut umrühren.
3) Die Haferflocken dazu geben und nochmal umrühren. Glas mit dem Membraneinsatz verschließen.
4) Über Nacht bei Zimmertemperatur (min. 22 °C) micro-fermentieren.
5) Am nächsten Morgen die übrigen Zutaten in einen Mixer geben oder mit einem Pürierstab gut zerkleinern.
6) Die Haferflocken am Morgen durch ein nicht-metallenes Sieb abgießen und den anderen Zutaten beimengen.

Micro-fermentiertes Sauerteigbrot

Zubereitungszeit: 15 Minuten
Micro-Fermentationszeit: 24 Stunden
Benötigtes Zubehör: Keramik- oder Glas-Schüssel, Brotbackform oder Bräter aus Guss mit Deckel (für den Einstieg reicht auch ein ofenfester Topf mit Deckel), Frischhaltefolie aus nachwachsenden Rohstoffen

Zutaten:
360 g Dinkelvollkornmehl Bio

das Gehirn

240 g Roggenmehl 1150 Bio
5 g Kartoffelmehl
1 TL Salz
2 Messlöffel Micro-Fermentations-Beschleuniger
ca. 400 ml lauwarmes Wasser

Je nach Geschmack Kürbiskerne oder Leinsamen hinzufügen.

Zubereitung:
1) Mehl, Kartoffelmehl und Salz in die Schüssel geben.
   Micro-Fermentations-Beschleuniger dazugeben.
2) Nach und nach das Wasser hinzugeben und ca. 2 Minuten lang kneten,
   bis ein homogener, fester Teig entsteht. Die Schüssel mit Frischhaltefolie
   luftdicht abdecken.
3) Nach 2 Stunden den Teig auf einem Backbrett auseinanderziehen und falten. Dies für ca. 5 Minuten immer wiederholen.
4) Den Teig zurück in die Schüssel geben und wieder mit Frischhaltefolie
   abdecken. Die etwas höhere Temperatur sorgt für einen milderen
   Geschmack.

   - Für einen säuerlichen Geschmack: Die Schüssel an einen warmen Platz
   stellen (min. 22 °C).

   - Für einen milden Geschmack: Den Teig in den Ofen stellen und lediglich das Licht einschalten.

   In beiden Fällen den Teig 22 Stunden lang gehen lassen.
5) Den Teig entnehmen und in einem tiefen Teller für 1 Stunde ruhen lassen.
6) Den Ofen auf 250 °C Ober- und Unterhitze einstellen, und für 20 Minuten
   vorheizen.
7) Holen sie die Brotbackform aus dem Ofen und fetten Sie sie ein.
   Legen Sie den Teig hinein und sprühen Sie etwas Wasser auf den Teig.

Pizza, der Exportschlager Nr.1
Die Unesco hat 2017 die neapolitanische Kunst des Pizzabackens in die repräsentative Liste des immateriellen Kulturerbes der Menschheit aufgenommen.

8) Ritzen Sie ihn in der Mitte ein und setzen den Deckel auf. Die Temperatur auf 230 °C reduzieren und 30 Minuten bei mit geschlossenem Deckel backen. Danach den Deckel entfernen und weitere 15 Minuten fertigbacken.
9) Das Brot entnehmen und auf einem Gitterrost auskühlen lassen.

Micro-fermentierter Pizzateig

Als wir vor einiger Zeit mit Freunden bei einem Glas Rotwein zusammensaßen, erzählten sie uns von einer sagenhaften Pizza, die sie in Rom gegessen hatten. Wie sich herausstellte, war der Teig nach klassischer Art hergestellt worden, also fermentiert. Wie Sie sehen werden, macht dies geschmacklich einen deutlichen Unterschied.

Wir verwenden in unserem Rezept kein Weizenmehl, wie üblicherweise bei Pizzateig, da wir Weizen in vielerlei Hinsicht als problematisch ansehen. Dinkel oder die Urweizensorten wie Einkorn und Emmer sind jedoch prima Alternativen. Unserer Erfahrung nach braucht ein Teig 10 bis 15 Minuten Knetzeit, um die besten Eigenschaften zu bekommen. Die Zeit ist notwendig, damit sich ein Netzwerk ausbilden kann und der Teig dadurch am Ende elastisch wird.

Zubereitungszeit: 20 Minuten
Micro-Fermentationszeit: 24 Stunden
Benötigtes Zubehör: Keramik- oder Glasschüssel , Frischhaltefolie aus nachwachsenden Rohstoffen

Zutaten:
500 g Dinkel-, Emmer- oder Urkornmehl
1 Päckchen Biohefe
1/2 TL Salz
2 Messlöffel Micro-Fermentation-Beschleuniger
250 ml Wasser

Zubereitung:

1) Mehl, Hefe und Salz in die Schüssel geben.
2) Micro-Fermentations-Beschleuniger dazugeben.
3) Nach und nach das Wasser hinzugeben und ca. 10 Minuten lang kneten, bis ein homogener, fester Teig entsteht.
4) Decken Sie die Schüssel mit Frischhaltefolie luftdicht ab.
5) Stellen Sie die Schüssel an einen warmen Platz (min. 22 °C) und lassen den Teig 24 Stunden lang micro-fermentieren.
6) Danach den Teig auf einem mit Backpapier ausgelegten Blech oder Pizzastein flach verteilen. Wichtig ist es, den Teig nicht mit einem Nudelholz auszurollen, da er ansonsten nicht mehr aufgeht.
7) Die Pizza nach Geschmack belegen und bei 250 °C ca. 10 Minuten backen.

Micro-fermentierte Burger-Buns

Zubereitungszeit: 30 Minuten
Micro-Fermentationszeit: 24 Stunden
Benötigtes Zubehör: Glas- oder Keramik-Schüssel.
Frischhaltefolie aus nachwachsenden Rohstoffen.

Zutaten:
345 g Dinkelmehl Typ 630
155 ml Wasser
100 g Seidentofu
6 g Salz
40 g Ahornsirup
100 g vegane Butter
2 Messlöffel Micro-Fermentations-Beschleuniger

Zubereitung:

1) Alle Zutaten, bis auf das Salz, in eine Schüssel geben und 10 Minuten in einer Küchenmaschine, mit einem Handmixer oder per Hand kneten.

2) Das Salz hinzugeben und weitere 5 Minuten kneten.

3) Den Teig zugedeckt 12 Stunden bei ca. 20 Grad micro-fermentieren. Danach den Teig nochmals kurz durchkneten und mehrmals auseinanderziehen und falten, damit die Buns später schön locker werden.

4) Den Teig in ca. 9 Portionen teilen und daraus Buns formen. Das am besten auf einer mit Reismehl bestreuten glatten Oberfläche.

5) Die Buns auf ein Blech mit Backpapier legen und sie mit einem weiteren Blech abdecken, damit sie nicht austrocknen. Weitere 12 Stunden fermentieren lassen. Kleben die dann nicht oben am Blech fest? Haben sie nicht. Könnten aber auch noch andere Backfolie darauf machen. Hatte aber geklappt.

6) Den Ofen auf 250 °C (230 °C Umluft) vorheizen. Dabei 1 Blech auf mittlerer Höhe mit erhitzen, unter dem dann im nächsten Schritt das Blech mit den Buns Platz findet.

7) Die Temperatur auf 230 °C reduzieren (210 °C Umluft). Die Buns nun mit etwas Wasser bespritzen und das Blech mit den Buns unter das andere Blech schieben.

8) Das obere Blech nach 5 Minuten aus dem Ofen holen und die Buns 18 bis 20 Minuten fertigbacken.

Der Teig konnte in Notzeiten auch ohne Eier nur aus Mehl, Wasser und Salz bereitet werden.

Micro-fermentierte Spätzle

Die Tradition der Spätzle-Herstellung in Schwaben lässt sich bis ins 18. Jahrhundert zurückverfolgen. Zu dieser Zeit war Dinkel im schwäbisch-alemannischen Raum weit verbreitet, da das Getreide gut auf kargen Böden gedeiht. Dinkelmehl enthält viel Klebereiweiß, sodass der Teig in Notzeiten auch ohne Zugabe von Eiern gelang.

Zubereitungszeit: 25 Minuten
Micro-Fermentationszeit: 12 Stunden
Benötigtes Zubehör: Keramik- oder Glasschüssel ,
Frischhaltefolie aus nachwachsenden Rohstoffen, Spätzle-Schaber/ Kartoffelpresse

Zutaten:
400 g Dinkelmehl
4 Eier
1 TL Salz
250 ml lauwarmes Wasser
2 Messlöffel Micro-Fermentation-Beschleuniger

Zubereitung:
1) Mehl, Salz und Eier in eine Schüssel geben.
2) Micro-Fermentations-Beschleuniger dazugeben.
3) Nach und nach das Wasser hinzugeben und 10 Minuten lang kneten, bis ein homogener Teig entsteht.
4) Decken Sie die Schüssel mit Frischhaltefolie luftdicht ab.
5) Stellen Sie die Schüssel an einen warmen Platz (min. 22 °C) und lassen den Teig 12 Stunden lang micro-fermentieren.
6) 2 Liter Wasser zum Kochen bringen und reichlich Salz dazugeben.
7) Spätzlesteig in feine Spätzle schaben oder durch eine Spätzles- oder Kartoffelpresse drücken.
8) Kurz aufkochen lassen. Wenn die Spätzle nach oben kommen, sofort mit einem Schaumlöffel herausheben und in einer Schüssel im Ofen warmstellen.
So lange den Vorgang wiederholen, bis der Teig aufgebraucht ist. Wenn alle Spätzle fertig sind, sofort servieren.

Phytinsäure bindet Mikronährstoffe, die hierdurch kaum nutzbar ausgeschieden werden. Die Micro-Fermentation baut die Säure ab und macht damit Mikronähr-stoffe besser verfügbar. Getreidegerichte werden hierdurch deutlich ge-sünder für uns.

Micro-fermentierte Pfannkuchen

Zubereitungszeit: 20 Minuten
Micro-Fermentationszeit: 24 Stunden
Benötigtes Zubehör: Keramikschüssel, Frischhaltefolie

Zutaten:
500 g Dinkel-, Emmer- oder Urkornmehl
2 Eier
500 ml Mandelmilch
1 TL Backpulver
2 Tl Butter
1/2 TL Salz
2 Messlöffel Micro-Fermentation-Beschleuniger
Butterschmalz zum Ausbacken

Zubereitung:
1) Mehl in eine Schüssel geben, nach und nach die Mandelmilch mit einem Rührgerät einrühren, bis ein flüssiger homogener Teig entsteht.
2) Micro-Fermentations-Beschleuniger dazugeben und gut untermischen.
3) Decken Sie die Schüssel mit Frischhaltefolie luftdicht ab.
4) Stellen Sie die Schüssel an einen warmen Platz (min. 22 °C) und lassen den Teig 24 Stunden lang micro-fermentieren.
5) Fügen Sie nun die Eier, das Backpulver, die Butter und das Salz hinzu und mischen sie alles gut unter den Teig.
6) Lassen sie den Teig noch 10 Minuten stehen und verdünnen Sie ihn gegebenenfalls mit noch etwas Mandelmilch falls er zu fest sein sollte.
7) Geben Sie nun etwas Butterschmalz in die Pfanne und erhitzen Sie diese bei mittlerer Flamme. Geben Sie eine Suppenkelle Teig in die Pfanne. Wenn die Oberfläche des Pfannkuchens Blasen wirft, wenden Sie ihn und backen auch die andere Seite goldbraun fertig.

Micro-fermentierte Salate

Warum uns der tägliche Salat so sehr am Herzen liegt?
Hätten Sie es gewusst?

Der Verzehr von nur einem Salat pro Tag ist sogar noch gesundheitsfördernder als bisher angenommen. Eine Studie der Louisiana State University mit über 17.000 Teilnehmern ergab, dass Personen, die Salate und rohes Gemüse mit Salatdressing essen, eine deutlich bessere Versorgung mit Vitamin A, C, E, B6 und Folsäure aufweisen - allesamt wichtige Nährstoffe zur Förderung eines gesunden Immunsystems. Ein hoher Obst- und Gemüsekonsum wird ebenso mit einem geringeren Knochenschwund bei Frauen vor den Wechseljahren in Verbindung gebracht. Die Ergebnisse dieser Studie stehen im Einklang mit den allgemeinen Ernährungsrichtlinien, in denen empfohlen wird, den Verzehr von Gemüse und Obst zu erhöhen und möglichst immer eine Vielzahl von verschiedenen Gemüsesorten zu essen, insbesondere dunkelgrünes, rotes und orangefarbenes Gemüse sowie Bohnen und Erbsen. Ganz im Sinne der Food Synergy. Salate sind eine leckere Möglichkeit, die täglich verzehrte Menge an Gemüse zu steigern, denn sie lassen sich immer wieder neu variieren und sorgen so für Abwechslung auf dem Teller.

(Quelle: UCLA Fielding School of Public Health)

Salat mit grünen Bohnen, Rucola und rote Bete

Rote Bete enthalten eine Vielzahl an Vitaminen, Mineralien und wertvollen Pflanzenstoffen. Nicht umsonst gelten rote Bete als Powerfood. Sie liefern die Vitamine A, C, B und Folsäure. Zusätzlich punktet sie mit Jod, Kalium, Kalzium, Magnesium, Natrium, Phosphor und großen Mengen an Eisen. Rucola wiederum liefert neben den Mineralstoffen Magnesium, Kalzium und Kalium vor allem Vitamin E und wirkt antioxidativ.

Bohnen schmecken nicht nur fast Jedem, sondern enthalten auch wertvolle Inhaltsstoffe wie pflanzliches Eiweiß. Zudem liefern sie reichlich Ballaststoffe. Ferner enthalten sie Vitamine wie Vitamin B2, Vitamin B6 und Beta-Carotin. Auch Mineralstoffe wie Kalium, Kalzium und Magnesium sind in ihnen reichlich enthalten.

Zubereitungszeit: 15 Minuten
Fermentationszeit: 12 Stunden

Salat:
400 g grüne Bohnen
250 g rote Bete
125 g Rucola
40 g Walnüsse
1 EL Sojasauce
2 Messlöffel Micro-Fermentationsbeschleuniger

Dressing:
2 EL Zitronensaft, frisch gepresst
3 EL Sojasauce
1 EL Dattelsirup
1/2 TL Paprikapulver, geräuchert
1 TL Rauchsalz

verfood

1 Prise Cayennepfeffer
3 EL Koriander, frisch

Zubereitung:
1) Etwas Wasser und den Micro-Fermentations-Beschleuniger in das Micro-Fermentationsglas geben. Mit einem Holzlöffel verrühren.
2) Die Bohnen in das Glas geben. Mit dem Glasgewicht beschweren. Mit lauwarmem Wasser bis knapp unter den Rand auffüllen und 12 Stunden micro-fermentieren.
3) Die fermentierten Bohnen in einem Topf mit Wasser aufkochen und 6 Minuten blanchieren, in ein Sieb geben, mit kaltem Wasser abschrecken und abtropfen lassen.
4) In der Zwischenzeit Rote Bete schälen und in schmale Scheiben schneiden, Rucola waschen und trockenschleudern.
5) Rote Bete, etwas Wasser und Sojasauce 3 Min. kochen, auf einen Teller geben und zur Seite stellen.
6) Für das Dressing alle Zutaten bis auf den Koriander miteinander verrühren, Koriander hacken und unterheben, mit Pfeffer abschmecken.
7) Beides zusammen mit den Bohnen in eine Schüssel geben, mit dem Dressing vermischen und abschmecken.
8) Die Walnüsse fettfrei in einer Pfanne rösten.
9) Auf Tellern anrichten und mit den gerösteten Walnüssen überstreuen.

Tipp: wer es etwas rezenter mag, mit veganem Blauschimmelkäse garnieren

Grünspargel ist reich an Ballaststoffen, welche die Verdauung ankurbeln und lang sättigen. Zudem ist er harntreibend und regt die Nierenfunktion an.

Fermentierter grüner Spargel

Grüner Spargel eignet sich mit einem Fettgehalt von nur 0,1 Gramm / 100 Gramm und einem Wassergehalt von 93 Prozent sehr gut für eine figurbewusste Ernährung. Er enthält neben Vitamin C und Betacarotin auch Vitamin K, Vitamin E sowie Biotin und Folsäure. Er ist außerdem reich an Magnesium, Kalzium, Kalium, Eisen, Kupfer und Mangan.

Zubereitungszeit: 15 Minuten
Fermentationszeit: 4 Tage

500 g grüner Spargel
1 Schalotte
1 Knoblauchzehe
1/2 Tl Pfefferkörner
2 Lorbeerblätter
Salz
2 Messlöffel Micro-Fermentationsbeschleuniger

Zubereitung:
1) Etwas Wasser und den Micro-Fermentations-Beschleuniger in das Micro-Fermentationsglas geben. Mit einem Holzlöffel verrühren.
2) Das untere Drittel des Spargels schälen, die holzigen Enden abschneiden, den Spargel waschen und so kleinschneiden, dass er in das Glas passt.
3) Die Zwiebel schälen und in Ringe schneiden. Den Knoblauch etwas andrücken und die Pfefferkörner in einem Mörser grob zerstoßen.
4) Nun den Spargel in das Micro-Fermentationsglas geben, Zwiebelringe, Knoblauch, Pfeffer und Lorbeerblätter hinzufügen. Mit dem Glasgewicht beschweren.
5) Mit lauwarmem Wasser bis knapp unter den Rand auffüllen.
6) Glas mit Membraneinsatz verschließen und 4 Tage bei Zimmertemperatur (min. 22 °C) micro-fermentieren.

Den Spargel direkt verzehren oder im Kühlschrank 2-3 Tage aufbewahren.

Fruchtiger Linsensalat mit Avocado und Granatapfel

Linsen verfügen mit 23 g Eiweiß je 100 g über einen sehr hohen Eiweißanteil und sind damit eine prima Eiweißquelle für Menschen, die sich vegetarisch oder vegan ernähren möchten.

Aufgrund ihres hohen Ballaststoffgehalts sättigen sie gut, unterstützen die Verdauung und besitzen darüber hinaus einen niedrigen glykämischen Index. Der Blutzuckerspiegel steigt durch Linsen also nur langsam an und bewirkt dadurch nur eine geringe Insulinausschüttung. Die Ballaststoffe unterstützen zudem das Immunsystem, da sie Giftstoffe aus dem Darm aufnehmen und helfen sie auszuscheiden.

Linsen enthalten viele Vitamine wie B-Vitamine, Vitamin E, Niacin, Folsäure oder Vitamin A. Aber auch zahlreiche Mineralstoffe zählen zu ihren Stärken wie Kalium, Phosphor, Magnesium, Mangan, Selen oder Zink. Positiv ist ferner, dass sie nur 300 Kilokalorien pro 100 g enthalten.

Zubereitungszeit: 15 Minuten
Fermentationszeit: 12 Stunden

250 g Linsen
2 reife Avocados
1 Granatapfel
2 Tomaten
1 Stange Frühlingszwiebeln
Saft einer Orange
Saft einer 1/2 Zitrone
Salz, Pfeffer
2 Messlöffel Micro-Fermentationsbeschleuniger

sensalat

Zubereitung:

1) Die Linsen nach Packungsbeilage kochen, abspülen, abtropfen und etwas abkühlen lassen.
2) Etwas Wasser und den Micro-Fermentations-Beschleuniger in das Micro-Fermentationsglas geben. Mit einem Holzlöffel verrühren.
3) Die Linsen in das Glas geben. Mit dem Glasgewicht beschweren. Mit lauwarmem Wasser bis knapp unter den Rand auffüllen und 12 Stunden micro-fermentieren.
4) Wasser abgießen und die Linsen in eine Schüssel geben.
5) Avocados entkernen und in kleine Stücke schneiden. Tomaten ebenfalls in Stücke schneiden und dazugeben.
6) Granatapfelkerne aus der Schale lösen und dazugeben.
7) Die Frühlingszwiebel in feine Ringe schneiden und untermischen.
8) Orangensaft, Zitronensaft, Salz und Pfeffer dazugeben und gut vermischen.
9) Abschmecken und genießen.

Saftiger Linsensalat mit Rotkohl

Rotkohl enthält eine Vielzahl an Vitaminen, Mineralien und wertvollen Pflanzenstoffen. Nicht umsonst gilt Rotkohl als echtes Powerfood. Er enthält unter anderem die Vitamine B6, B9, C, E und K. Zusätzlich punktet er mit den Mineralstoffen Magnesium, Kalium, Kalzium, Chlorid und Schwefel. Damit lässt sich das Immunsystem gerade in der kälteren Jahreszeit gut unterstützen. Die enthaltenen ferner Anthozyane, die Entzündungen entgegenwirken.

Linsen besitzen einen sehr hohen Eiweißgehalt von rund 23 g / 100 g und sind damit eine prima Eiweißquelle für Menschen, die sich vegetarisch oder vegan ernähren möchten. Linsen enthalten viele Vitamine wie B-Vitamine, Vitamin E, Niacin, Folsäure oder Vitamin A. Aber auch zahlreiche Mineralstoffe zählen zu ihren Stärken wie Kalium, Phosphor, Magnesium, Mangan, Selen oder Zink. Positiv ist ferner, dass sie nur 300 Kilokalorien pro 100 g enthalten und dafür reich an Ballaststoffen sind.

Zubereitungszeit: 15 Minuten
Fermentationszeit: 12 Stunden

Salat:
200 g Rotkohl
200 g Linsen
2 Karotten
1 Tomate
1 Stange Frühlingszwiebel
Petersilie
Eine Hand voll Kürbiskerne
2 Messlöffel Micro-Fermentationsbeschleuniger

unsystem

Dressing:
100 g Cashewkerne
1 Knoblauchzehe
180 ml Pflanzenmilch
1 EL Hefeflocken
1 EL Dijonsenf
30 ml Zitronensaft
Sojasauce, Pfeffer

Zubereitung:
1) Die Linsen nach Packungsbeilage kochen, abspülen, abtropfen und etwas abkühlen lassen.
2) Etwas Wasser und den Micro-Fermentations-Beschleuniger in das Micro-Fermentationsglas geben. Mit einem Holzlöffel verrühren.
3) Den Rotkohl in feine Streifen schneiden, in das Glas geben und festdrücken.
4) Die Linsen dazugeben. Mit dem Glasgewicht beschweren. Mit lauwarmem Wasser bis knapp unter den Rand auffüllen und 12 Stunden micro-fermentieren.
5) Karotten in feine Stifte schneiden und mit dem fermentierten Rotkohl und den Linsen in eine große Schüssel geben.
6) Frühlingszwiebel klein schneiden und dazugeben.
7) Kürbiskerne in einer Pfanne ohne Öl anrösten.
8) Die Zutaten für das Dressing in einem Hochleistungsmixer oder mit dem Pürierstab fein mixen.
9) Direkt in die Schüssel mit dem Gemüse geben und vermischen.
10) Auf Tellern verteilen, mit Petersilie und gerösteten Kürbiskernen garnieren und genießen!

Grünspargel ist reich an Ballaststoffen, welche die Verdauung ankurbeln und lang sättigen. Zudem ist er harntreibend und regt die Nierenfunktion an.

Mexikanischer schwarzer Bohnensalat mit Avocado

Gehaltvoller Salat mit erfrischenden Aromen wie Mais, Paprika und Koriander und besonderen Kick durch frischen Knoblauch, Jalapeño und rote Zwiebeln.

Zubereitungszeit: 15 Minuten
Fermentationszeit: 12 Stunden

1 kleine Dose schwarze Bohnen
1 kleine Dose Maiskörner
1 Paprika oder mittelgroße Tomate
1/2 kleine rote Zwiebel
1 mittelgroße Avocado
1/2 Tasse frische Korianderblätter oder Schnittlauch
1 mittelgroße Jalapeño
1 Knoblauchzehe
2 EL frisch gepresster Limettensaft
1/2 TL gemahlener Kreuzkümmel
1/2 TL Sojasauce, Pfeffer
2 Messlöffel Micro-Fermentationsbeschleuniger

Zubereitung:
1) Etwas Wasser und den Micro-Fermentations-Beschleuniger in das Micro-Fermentationsglas geben. Mit einem Holzlöffel verrühren.
2) Die Bohnen abgießen, waschen und in das Glas geben. Mit dem Glasgewicht beschweren. Mit lauwarmem Wasser bis knapp unter den Rand auffüllen und 12 Stunden micro-fermentieren.
3) Paprika bzw. Tomate sowie Zwiebel und Knoblauch kleinschneiden.
4) Die Avocado entkernen und das Fruchtfleisch in Würfel schneiden.
5) Bei der Jalapeño die Rippen und Kerne entfernen, fein würfeln.
6) Die Kräuter fein schneiden und zusammen mit allen übrigen Zutaten sowie den abgegossenen Bohnen in eine Schüssel geben und gut vermischen.
7) Abschmecken und bei Bedarf mit mehr Limettensaft oder Salz nachwürzen.

cultures for life

Micro-fermentiertes Gemüse

Micro-fermentierte Kartoffeln

Kartoffeln zählen zu den wohl beliebtesten Beilagen überhaupt. Sie sind nicht nur ausgesprochen lecker, sondern lassen sich auch abwechslungsreich variieren, z.B. in Form von Kartoffelklößen, Pommes Frites oder Kartoffelpüree. Durch die Micro-Fermentation werden Kartoffelgerichte geschmacklich aufgewertet und dazu noch gesünder, da sie ihnen ungesunde Antinährstoffe, wie beispielsweise Lektine, entzieht.

Zubereitungszeit: 10 Minuten
Micro-Fermentationszeit: 12 Stunden
Benötigtes Zubehör: Keramik- oder Glasschüssel, Frischhaltefolie aus nachwachsenden Rohstoffen

Zutaten:
1 kg Kartoffeln
1 Prise Salz
2 Messlöffel Micro-Fermentationsbeschleuniger

Zubereitung:
1) Kartoffeln schälen und in Scheiben schneiden.
2) Die Kartoffeln in eine Schüssel geben und mit Wasser auffüllen, bis sie komplett bedeckt sind.
3) Micro-Fermentations-Beschleuniger dazugeben und gut durchmischen.

4) Schüssel mit Frischhaltefolie abdecken und 12 Stunden micro-fermentieren.
5) Das Wasser abgießen.
6) Kartoffeln und Salz in einen Topf geben und mit Wasser auffüllen.
7) 15 Minuten kochen und danach das Wasser abgießen.

Micro-fermentierte seidene Kartoffelklöße

Das Wort Kloß stammt vom althochdeutschen „Kloz" für „Klumpen, Knolle oder auch Kugel" ab. Entstanden ist er in Deutschland am Anfang des neunzehnten Jahrhunderts, als die Menschen nach schlechten Ernten und überteuertem Getreide nach Alternativen suchten. Nachdem der Versuch aus Kartoffeln Brot zu backen gescheitert war, experimentierten Frauen mit geriebener und gekochter Kartoffelmasse und es entstand der erste Kloß. Schnell entwickelte sich der Kloß zu einem wichtigen Teil eines jeden Festmahls und so kommt es, dass für Viele der Spruch "Ein Sonntag ohne Klöße – verlöre viel von seiner Größe" nach wie vor aktuell ist. Das folgende Rezept veredelt durch die Micro-Fermentation noch einmal eine sowieso schon köstliche Beilage und macht sie gesünder.

Zubereitungszeit: 20 Minuten
Micro-Fermentationszeit: 12 Stunden
Benötigtes Zubehör: Glas- oder Keramik-Schüssel, Frischhaltefolie aus nachwachsenden Rohstoffen

Zutaten:
600 g mehligkochende Kartoffeln
2 Eigelb
50 g Kartoffelmehl
30 g Butter
2 Messlöffel Micro-Fermentations-Beschleuniger
Salz
Frisch geriebener Muskat

ch klasse

Zubereitung:

1) Die Kartoffeln mit Schale ca. 20 Minuten in Wasser weichkochen.

2) Die Kartoffeln pellen und in eine flache Auflaufform legen. Die geschälten Kartoffeln im vorgeheizten Backofen bei 150 °C 2-3 Minuten abdampfen lassen.

3) Die Kartoffeln nun zweimal durch die Kartoffelpresse drücken, denn je feiner der Kartoffelteig ist, umso feiner werden auch die Klöße.

4) Eigelb und die Kartoffelstärke hinzugeben.

5) Die Butter in einem kleinen Topf erhitzen bis sie flüssig ist und dazugeben. Mit Salz und Muskat würzen. Den Teig gut durchkneten.

6) Micro-Fermentations-Beschleuniger dazugeben und unterkneten.

7) Die Schüssel mit Klarsichtfolie abdecken und 12 Stunden micro-fermentieren.

8) 2 Liter Wasser zum Kochen bringen und reichlich Salz dazugeben. In der Zwischenzeit mit nassen Händen die Klöße formen.

9) Die Klöße in das kochende Wasser geben. Nach 1 Minute die Temperatur reduzieren, sodass es nur noch siedet. Auf kleiner Flamme die Klöße ca. 15 Minuten kochen. Mit einer Schaumkelle herausnehmen und gut abtropfen lassen und direkt servieren.

Micro-fermentiertes Sauerkraut

Das bei uns bekannteste fermentierte Lebensmittel ist vermutlich das Sauerkraut. Es wird in Deutschlands Küchen schon seit Jahrhunderten hergestellt und nicht umsonst werden wir im angelsächsischen Raum auch gerne als „Krauts" bezeichnet. Dennoch ist Sauerkraut keine deutsche Erfindung. Bereits beim Bau der Chinesischen Mauer im 3. Jahrhundert v. Chr. haben sich Handwerker überwiegend von gesäuertem Kohl und Reis ernährt. Während die klassische Herstellung von Sauerkraut 6 Wochen bis hin zu mehreren Monaten benötigt, ermöglicht die Micro-Fermentation dies in nur wenigen Tagen zu bewerkstelligen.

Zubereitungszeit: 30 Minuten
Micro-Fermentationszeit: 4 Tage
Benötigtes Zubehör: großes Micro-Fermentationsglas mit Membran, Fermentiergewicht

Zutaten:
750 g Weißkraut
1 Lorbeerblatt
5 Wacholderbeeren, ganz
8-10 Körner schwarzer Pfeffer, ganz
2 Nelken, ganz
1/2 TL Haferflocken
2 Messlöffel Micro-Fermentations-Beschleuniger

Zubereitung:
1) Lorbeerblatt, Wacholderbeeren, Nelken und Pfeffer mit etwas Olivenöl in einer Pfanne kurz leicht erhitzen, um eine bessere Entfaltung ihres Aromas zu bewirken. Auskühlen lassen.
2) Weißkraut mit einem Messer oder in einem Food Prozessor in dünne Streifen schneiden.

3) Das Kraut in eine Schüssel geben und mit einem Kartoffelstampfer oder Stößel das Kraut ca. 2 Minuten stampfen bis es leicht feucht wird.
4) Die Gewürze und Haferflocken unter das Kraut mischen und in das Micro-Fermentationsglas geben. Das Fermentiergewicht darauflegen.
5) Den Micro-Fermentations-Beschleuniger in 100 ml lauwarmes Wasser einrühren. Das Wasser in das befüllte Glas geben und mit weiterem lauwarmem Wasser bis über das Fermentiergewicht auffüllen.
6) Glas mit dem Membraneinsatz verschließen und 4 Tage bei Zimmertemperatur (min. 22 °C) micro-fermentieren.

Das Sauerkraut direkt verzehren oder die Membran im Deckel durch die Metallscheibe austauschen und im Kühlschrank aufbewahren.

Blutzuckerspiegel

Kalorienarme Kartoffeln zum Abnehmen

Wenn man abnehmen möchte, ist es ratsam einen Blick auf das Hormon Insulin zu werfen, welches den Blutzuckerspiegel reguliert. Nach dem Essen schüttet der Körper Insulin aus, um Blutzucker abzubauen und den Blutzuckerspiegel wieder in ein Gleichgewicht zu bringen. Insulin ist jedoch auch dafür verantwortlich, dass verstärkt Fettreserven angelegt werden und der Abbau von vorhandenem Fett erschwert wird.

Insbesondere Fertiggerichte und Süßigkeiten tragen dazu bei, dass der Körper nur auf den einfach zu verwertenden Zucker als Energielieferanten zurückgreift. Das Problem: Fetteinlagerungen an Bauch und Po verschwinden nur schwer, da der Körper nicht die kompliziert abzubauenden Fettzellen in den Problemzonen angehen muss. Wer also seine Fettpolster reduzieren möchte, sollte mithilfe der richtigen Ernährung den Blutzuckerspiegel so beeinflussen, dass die Bauchspeicheldrüse nicht zu viel Insulin ausschüttet.

Doch nun zu den Kartoffeln. Nach dem Verzehr von Kartoffeln steigt der Blutzuckerspiegel üblicherweise deutlich an, da sie viele Kohlenhydrate in Form von Stärke enthalten. Es gibt jedoch drei einfache Tricks, wie man den Anstieg deutlich reduzieren kann.

Methode 1

Die Kartoffeln wie gewohnt kochen, etwas auskühlen lassen und in kaltes Wasser legen. Danach je 500 g Kartoffeln 1 Messlöffel Micro-Fermentationsbeschleuniger hinzugeben. Das Wasser sollte dabei nicht wärmer als 40 °C sein, da ansonsten die Bakterienkulturen leiden. Durch die Fermentation wird ein erheblicher Teil der in den Kartoffeln enthaltenen

timieren

Kohlenhydrate abgebaut. Hierdurch steigt der Blutzuckerspiegel deutlich weniger an.

Wenn man die Kartoffeln danach kalt verzehrt, zum Beispiel in Form eines Kartoffelsalats, profitiert man zusätzlich von den während der Fermentation entstandenen Milchsäurebakterien, welche eine gesunde Darmflora unterstützen.

Methode 2
Mit Methode 1 starten. Danach die Kartoffeln erneut kurz aufkochen. Durch das erneute Aufkochen entsteht resistente Stärke, die vom Körper nicht mehr verarbeitet werden kann. Sie liefert folglich auch keine Kalorien. Dadurch haben sie einen nochmals geringeren glykämischen Index.

Methode 3
Wenn Sie die Kartoffeln nach Methode 2 zubereiten und danach komplett abkühlen lassen, wird der glykämische Index nochmals deutlich reduziert,

Knusprig gegrillte ölfreie Pommes

Durch die Micro-Fermentation sinkt der Gehalt an Kohlenhydraten deutlich, da sie den Mikroorganismen als Nahrung dienen. Das Resultat sind bis zu 90 Prozent weniger Acrylamide im Vergleich zu unfermentierten Pommes Frites und sie enthalten deutlich weniger Kalorien sowie problematische Antinährstoffe.

Zubereitungszeit: 10 Minuten
Micro-Fermentationszeit: 12 Stunden
Benötigtes Zubehör: Keramik- oder Glasschüssel, Frischhaltefolie

Zutaten:
1 kg festkochende Kartoffeln
5 EL Apfelessig
3 EL Maisstärke oder Reismehl
2 EL Salz
2 TL Paprikapulver
2 Messlöffel Micro-Fermentations-Beschleuniger

Zubereitung:
1) Kartoffeln schälen, in Pommesstücke schneiden und in eine Schüssel geben.
2) Mit Wasser bedecken, den Micro-Fermentations-Beschleuniger dazugeben und kurz umrühren.
3) Die Schüssel mit Klarsichtfolie abdecken und 12 Stunden micro-fermentieren.
4) Wasser abgießen und die Pommes abtrocknen.
5) Die Pommes zusammen mit dem Apfelessig, Paprika, Mehl und Salz in eine Schüssel geben, gut mischen und eine Stunde ziehen lassen.
6) Pommes in einem auf 220 °C (Umluft 200 °C) vorgeheizten Backofen auf Backpapier 20 Minuten vorbacken.
7) Danach die Pommes in eine Grillschale geben und bei eingeschalteter Grillfunktion 10-15 grillen bis sie knusprig sind.

*Wurzelgemüse
Karotten, Pastinaken,
Rote Bete und Co.
zählen zu den
nährstoffreichen
Speicherwurzeln, die
Rüben ausbilden.*

Micro-fermentierte Gemüsecreme

Dieses leckere Gemüse-Rezept lässt sich vielfältig einsetzen. Ob als Belag für das Sauerteigbrot, als Basis für eine mikrofermentierte Pasta-Sauce oder als Dip für Gemüsesticks. Und noch eine Bemerkung zu Knoblauch. Fermentiert verliert er seinen häufig unerwünschten starken Geruch.

Zubereitungszeit: 30 Minuten
Micro-Fermentationszeit: 4 Tage
Benötigtes Zubehör: Micro-Fermentationsglas mit Membran, Mixer

Zutaten:
1/2 TL getrockneter Rosmarin
1/2 TL getrockneter Thymian
1/2 TL getrockneter Salbei
Eine Prise Salz
Olivenöl
500 g Cherrytomaten
1 Paprika rot
1/2 Zwiebel
1 Knoblauchzehe
5 dunkle Oliven ohne Stein
1/2 TL Haferflocken
2 Messlöffel Micro-Fermentations-Beschleuniger

Zubereitung:
1) Rosmarin, Thymian, Salbei, Salz und etwas Olivenöl in einer Pfanne kurz leicht erhitzen zur besseren Entfaltung ihres Aromas. Abkühlen lassen.
2) Die übrigen Zutaten in einem Mixer zerkleinern.
3) Micro-Fermentations-Beschleuniger dazugeben.
4) Die Gewürze hinzugeben und alles kurz auf niedriger Drehzahl mischen.

5) Die fertige Mischung in das Micro-Fermentationsglas umfüllen und 1 cm hoch mit Wasser auffüllen.
6) Glas mit dem Membraneinsatz verschließen und 4 Tage bei Zimmertemperatur (min. 22 °C) micro-fermentieren.
7) Das Wasser abgießen.

Die Gemüsecreme direkt verzehren oder die Membran im Deckel durch die Metallscheibe austauschen und im Kühlschrank 2-3 Tage aufbewahren.

Micro-fermentiertes Wurzelgemüse

Wurzelgemüse ist besonders mikronährstoffreich. Wird es auch noch micro-fermentiert, so entsteht ein echtes Power Food und ein gesunder Begleiter fürs Mittag- oder Abendessen.

Zubereitungszeit: 20 Minuten
Micro-Fermentationszeit: 4 Tage
Benötigtes Zubehör: Micro-Fermentationsglas mit Membran, Fermentiergewicht

Zutaten:
500 g Rote Bete
100 g Knollensellerie
100 g Pastinake
50 g Radieschen
50 g Rettich
6 schwarze Pfefferkörner, ganz
6 Wacholderbeeren, ganz
2 Lorbeerblätter
1/2 TL Haferflocken
2 Messlöffel Micro-Fermentations-Beschleuniger

Zubereitung:
1) Gemüse in Stücke, Scheiben oder Streifen schneiden. Sie können hierfür auch einen Food Prozessor oder eine Reibe verwenden.
2) Etwas Wasser in das Micro-Fermentationsglas geben. Micro-Fermentations-Beschleuniger dazugeben und mit einem Holzlöffel verrühren.
3) Dann alle Zutaten in das Glas dazugeben und mit einem Fermentiergewicht beschweren. Das Glas mit lauwarmem Wasser bis knapp unter den Rand auffüllen.
4) Glas mit dem Membraneinsatz verschließen und 4 Tage bei Zimmertemperatur (min. 22 °C) micro-fermentieren.

Das Gemüse direkt verzehren oder die Membran im Deckel durch die Metallscheibe austauschen und im Kühlschrank aufbewahren.

Micro-fermentierte Tomaten

Zubereitungszeit: 15 Minuten
Micro-Fermentationszeit: 4 Tage
Benötigtes Zubehör: Micro-Fermentationsglas mit Membran, Fermentiergewicht

Tomaten sind die Hauptnahrungsquelle für das Antioxidans Lycopin, das mit vielen gesundheitlichen Vorteilen in Verbindung gebracht wird, einschließlich eines verringerten Risikos für Herzerkrankungen und Krebs. Sie sind auch eine gute Quelle für Vitamin C, Kalium, Folsäure und Vitamin K. Fermentiert kommen dann auch noch all die anderen Gesundheitsvorteile der Micro-Fermentation hinzu, einschließlich einer Menge guter probiotischer Bakterien. Tomaten gehören zur Gruppe der Nachtschattengewächse und enthalten daher signifikante Mengen Antinährstoffe wie Lektine. Diese werden durch die Fermentation deutlich abgebaut.

Zutaten:
300 g Cherry Tomaten
1 Zehe Knoblauch
Ein kleiner Zweig Rosmarin und Thymian
2 Messlöffel Micro-Fermentations-Beschleuniger

Zubereitung:
1) Etwas Wasser in das Micro-Fermentationsglas geben. Micro-Fermentations-Beschleuniger dazugeben und mit einem Holzlöffel verrühren.
2) Tomaten, geschälten Knoblauch und Kräuter dazugeben und mit dem Fermentiergewicht beschweren. Das Glas mit lauwarmem Wasser bis knapp unter den Rand auffüllen.
3) Glas mit dem Membraneinsatz verschließen und 4 Tage bei Zimmertemperatur (min. 22 °C) micro-fermentieren.

Die Tomaten direkt verzehren oder die Membran im Deckel durch die Metallscheibe austauschen und im Kühlschrank aufbewahren. ●

Bezugsquellen

Unter www.millivital.de bekommen Sie online das wesentliche Zubehör um mit der Micro-Fermentation zu starten:

- **Millivital Micro-Fermentations-Beschleuniger**
- **Millivital Hista-Protect, falls Sie an Allergien oder einer Histaminunverträglichkeit leiden**
- **Micro-Fermentations-Gläser**
- **Fermentiergewichte**

Literaturverzeichnis

- Anukam KC, Reid G, African traditional fermented foods and probiotics. J. Med. Food. 2009;12:1177–1184.
- Bär W, Physiologische Bakterienflora: Kolonisationsresistenz, endogene Opportunisteninfektionen; Probiotika. In Helmut Hahn, Stefan H. E. Kaufmann, Thomas F. Schulz, Sebastian Suerbaum: Medizinische Mikrobiologie und Infektiologie. Springer, Berlin/ Heidelberg/ New York 2009, ISBN 978-3-540-46359-7, S. 26 f.
- Baroja ML, Kirjavainen PV, Hekmat S, Reid G, Anti-inflammatory effects of probiotic-yogurt in inflammatory bowel disease patients. Clin. Exp. Immunol. 2007;149:470–479.
- Campeotto F, Suau A, Kapel N, Magne F, Viallon V, Ferraris L, Waligora-Dupriet AJ, Soulaines P, Leroux B, Kalach N, et al., A fermented formula in pre-term infants: Clinical tolerance, gut microbiota, down-regulation of faecal calprotectin and up-regulation of faecal secretory IgA. Br. J. Nutr. 2011;105:1843–1851.
- Chilton S N , Burton J P, Reidl G, Inclusion of Fermented Foods in Food Guides around the World, Nutrients. 2015 Jan; 7(1): 390–404.
- Colbin A, Food and healing, Ballantine Books, 1986.
- Daniluk J, Meals that heal inflammation, Hay House, 2011.
- De Angelis M, Rizzello CG, Alfonsi G, Arnault P, Cappelle S, di Cagno R, Gobbetti M, Use of sourdough lactobacilli and oat fibre to decrease the glycaemic index of white wheat bread. Br. J. Nutr. 2007;98:1196–1205.
- De Vrese M, Winkler P, Rautenberg P, Harder T, Noah C, Laue C, Ott S, Hampe J, Schreiber S, Heller K, et al., Probiotic bacteria reduced duration and severity but not the incidence of common cold episodes in a double blind, randomized, controlled trial. Vaccine. 2006;24:6670–6674.
- Edlund, C, et al, Resistance of the normal human microflora to mercury and antimicrobials after exposure to mercury from dental amalgam fillings, Clin Infect Dis. Jun 1996;22(6):944-950.
- Farnworth ER, Handbook of Fermented Functional Foods. CRC Press; Boca Raton, FL, USA: 2008. pp. 1–602.
- Franz CM, Huch M, Mathara JM, Abriouel H, Benomar N, Reid G, Galvez A, Holzapfel WH, African fermented foods and probiotics. Int. J. Food Microbiol. 2014;190:84–96.
- Gan XT, Ettinger G, Huang CX, Burton JP, Haist JV, Rajapurohitam V, Sidaway J.E, Martin G, Gloor GB, Swann JR, et al., Probiotic administration attenuates myocardial hypertrophy and heart failure after myocardial infarction in the rat. Circ. Heart Fail. 2014;7:491–499.

- Glück U, Gebbers JO, Ingested probiotics reduce nasal colonization with pathogenic bacteria (Staphylococcus aureus, Streptococcus pneumoniae, and beta-hemolytic streptococci) Am. J. Clin. Nutr. 2003;77:517–520.
- Granfeldt YE, Björck IM, A bilberry drink with fermented oatmeal decreases postprandial insulin demand in young healthy adults Nutr. J, 2011;10:57.
- Grüber C, Wendt M, Sulser C, Lau S, Kulig M, Wahn U, Wertel T, Niggemann B, Randomized, placebo-controlled trial of Lactobacillus rhamnosus GG as treatment of atopic dermatitis in infancy. Allergy. 2007;62:1270–1276.
- Gupta A, Tiwari SK, Probiotic potential of Lactobacillus plantarum LD1 isolated from batter of Dosa, a South Indian fermented food. Probiotics Antimicrob. Proteins. 2014;6:73–81.
- Handschmann J, Gemüse milchsauer eingelegt: Gesund mit Sauerkraut und Co., 2016.
- Higashikawa F, Noda M, Awaya T, Nomura K, Oku H, Sugiyama M, Improvement of constipation and liver function by plant-derived lactic acid bacteria: A double-blind, randomized trial. Nutrition. 2010;26:367–374.
- Katz Sandor E, Die Kunst des Fermentierens, 2015.
- Kozak S and Forsberg C W, Transformation of mercuric chloride and methylmercury by the rumen microflora, Appl Environ Microbiol, Oct 1979; 38(4): 626-636.. Journal of Agricultural Food Chemistry March 2009; 57(5): 1882-1889. Green Med Info.
- Leroy F, de Vuyst L, Lactic acid bacteria as functional starter cultures for the food fermentation industry. Trends Food Sci. Technol. 2004;15:67–78.
- Li S, Huang XL, Sui JZ, Chen SY, Xie YT, Deng Y, Wang J, Xie L, Li TJ, He Y, et al., Meta-analysis of randomized controlled trials on the efficacy of probiotics in Helicobacter pylori eradication therapy in children. Eur. J. Pediatr. 2014;173:153–161.
- Lipski F, Digestive Wellness, 2012.
- Liu ZH, Huang MJ, Zhang XW, Wang L, Huang NQ, Peng H, Lan P, Peng JS, Yang Z, Xia Y, et al., The effects of perioperative probiotic treatment on serum zonulin concentration and subsequent postoperative infectious complications after colorectal cancer surgery: A double-center and double-blind randomized clinical trial. Am. J. Clin. Nutr. 2013;97:117–126.
- Lorenz-Ladener C, Milchsauer eingelegt: Gemüse gesund und schnell haltbarmachen, 2014.
- Masood MI, Qadir MI, Shirazi JH, Khan IU, Beneficial effects of lactic acid bacteria on human beings. Crit. Rev. Microbiol. 2011;37:91–98.
- Mathara JM, Schillinger U, Kutima PM, Mbugua SA, Holzapfel WH, isolation, identification and characterization of the dominant microorganisms of kule naoto: The Maasai traditional fermented milk in Kenya. Int. J. Food Microbiol. 2004;94:269–278.
- Mazlyn MM, Nagarajah LH, Fatimah A, Norimah AK, Goh KL, Effects of a probiotic fermented milk on functional constipation: A randomized, double-blind, placebo-controlled study. J. Gastroenterol. Hepatol. 2013;28: 1141–1147.
- Merk K, Borelli C, Schaller M, Korting HC, Use of Lactobacillus as a probiotic factor to treat urogenital and intestinal infections as well as to prevent and treat allergic diseases]. J Dtsch Dermatol Ges. 2004 Sep;2(9):752-7.
- Miller J, 11 essential probiotic rich foods to change your life, E Book, 2015.
- Ohashi Y, Nakai S, Tsukamoto T, Masumori N, Akaza H, Miyanaga N, Kitamura T, Kawabe K, Kotake T, Kuroda M, et al. Habitual intake of lactic acid bacteria and risk reduction of bladder cancer. Urol. Int. 2002;68:273–280.
- Orlando A, Linsalata M, Notarnicola M, Tutino V, Russo F, Lactobacillus GG restoration of the gliadin induced epithelial barrier disruption: The role of cellular polyamines. BMC Microbiol. 2014;14:19.

- Parvez S, Malik KA, Kang SA, Kim H-Y, Probiotics and their fermented food products are beneficial for health. J. Appl. Microbiol. 2006;100:1171–1185.
- Peguet-Navarro J, Dezutter-Dambuyant C, Buetler T, Leclaire J, Smola H. Blum S, Bastien P, Breton L, Gueniche A, Supplementation with oral probiotic bacteria protects human cutaneous immune homeostasis after UV exposure-double blind, randomized, placebo controlled clinical trial. Eur. J. Dermatol. 2008;18:504–511.
- Park KY, Jeong JK, Lee YE, Daily JW, Health benefits of kimchi (Korean fermented vegetables) as a probiotic food. J. Med. Food. 2014;17:6–20.
- Persborn M, Gerritsen J, Wallon C, Carlsson A, Akkermans LM, Söderholm JD, The effects of probiotics on barrier function and mucosal pouch microbiota during maintenance treatment for severe pouchitis in patients with ulcerative colitis. Aliment. Pharmacol. Ther. 2013;38:772–783.
- Pérez N, Iannicelli JC, Girard-Bosch C, González S, Varea A, Disalvo L, Apezteguia M, Pernas J, Vicentin D, Cravero R, et al., Effect of probiotic supplementation on immunoglobulins, isoagglutinins and antibody response in children of low socio-economic status. Eur. J. Nutr. 2010;49:173–179.
- Pineda Mde L, Thompson S., Summers K, de Leon F, Pope J, Reid G A, randomized, double-blinded, placebo-controlled pilot study of probiotics in active rheumatoid arthritis. Med. Sci. Monit. 2011;17:347–354.
- Pitkala KH, Strandberg TE, Finne Soveri UH, Ouwehand AC, Poussa T, Salminen S, Fermented cereal with specific bifidobacteria normalizes bowel movements in elderly nursing home residents. A randomized, controlled trial. J. Nutr. Health Aging. 2007;11:305–311.
- Rabie MA, Elsaidy S, el-Badawy AA, Siliha H, Malcata FX, Biogenic amine contents in selected Egyptian fermented foods as determined by ion-exchange chromatography. J. Food Prot. 2011;74:681–685.
- Rayes N, Seehofer D, Müller AR, Hansen S, Bengmark S, Neuhaus P, Influence of probiotics and fibre on the incidence of bacterial infections following major abdominal surgery—Results of a prospective trial. Z. Gastroenterol. 2002;40:869–876.
- Rhee SJ, Lee JE, Lee CH, Importance of lactic acid bacteria in Asian fermented foods. Microb. Cell Fact. 2011.
- Shepherd A, Fermented Foods, Time to Live publications, 2014.
- Shockey C, Shockey K, Fermented Vegetables: Creative Recipes for Fermenting 64 Vegetables & Herbs in Krauts, Kimchis, Brined Pickles, Chutneys, Relishes & Pastes, 2014.
- Stonger S, Traditionally Fermented Foods: Innovative Recipes and Old-Fashioned Techniques for Sustainable Eating, 2017.
- Watson FE, Ngesa A, Onyang'o J, Alnwick D, Tomkins AM, Fermentation—A traditional anti-diarrhoeal practice lost? The use of fermented foods in urban and rural Kenya. Int. J. Food Sci. Nutr. 1996;47:171–179.
- West CE, Hammarström ML, Hernell O, Probiotics during weaning reduce the incidence of eczema. Pediatr. Allergy Immunol. 2009;20:430–437.
- Yamashiro Y, Nagata S, Beneficial microbes for premature infants, and children with malignancy undergoing chemotherapy. Benef. Microbes. 2010;1:357–365.
- Yeoh N., Burton J.P., Suppiah P., Reid G., Stebbings S. The role of the microbiome in rheumatic diseases. Curr. Rheumatol. Rep. 2013;15:314.
- www.lebensmittellexikon.de